Auskunftsbuch

zum Gebrauche im

öffentlichen Leben und Verkehr.

14. — 24. Tausend.

Allerlei Informationen

über

Münzen, Masse, Gewichte und Geldumlauf in den wichtigsten Ländern.
Silberpreise und Wertrelation der Edelmetalle.
Bestimmungen betr. den Verkehr mit der Reichsbank.
Vorschriften d. deutsch. Wechselordnung und des Börsensteuergesetzes.
Zinsen-, Zinseszinsen-, Diskonto- und Amortisationstabellen.
den Zolltarif für das deutsche Reich.
Eisenbahnsignale u. Eisenbahnfahrzeiten zwischen grossen Städten.
Regelmässigen Dampfschiff-Verkehr von europäischen Häfen.
Post-, Telegraphen- und Telephon-Verkehr mit Tarifen.
Politische Richtung und Verbreitung hervorragender Zeitungen.
den Stand der Handels- u. Kriegs-Marinen und der Heeresstärke der wichtigsten Länder.
Produktion und Konsum auf der Erde und über den Welthandel.
Astronomische u. geographisch-statistische Notizen.
die Bevölkerung und öffentliche Verwaltung.
den Reichstag, die Mitglieder und polit. Parteien.
Universitäten, Hochschulen und höhere Lehranstalten Deutschlands mit Verzeichnis.
Krankenversicherung.
Unfallversicherung mit Übersicht der bis jetzt gebildeten Berufsgenossenschaften.
Invaliditäts- und Altersversicherung

etc. etc.

Mit einer Eisenbahnkarte von Deutschland.

München und **Leipzig.**
Druck und Verlag von R. Oldenbourg.
1892.

Inhaltsverzeichnis.

Handel und Verkehr.

Übersicht der Münzen, Masse und Gewichte.

Belgien: 1 Franc à 100 Centimes = 80 Pf. Metrische Masse und Gewichte (siehe Deutschland). 1 Meile = 7,80 km.

Dänemark: 1 Krone à 100 Öre = 1 M. 12½ Pf. 1 Riksdaler = 2 M. 25 Pf. 1 Elle à 2 Fuss à 12 Zoll = 63 cm. 1 Korntonne à 8 Scheffel = 139 Liter, 1 Meile = 7,54 km. Metrische Gewichte.

Deutschland: 1 Mark à 100 Pf. 1 Meter à 10 Dezimeter à 10 cm à 10 mm, 10 m = 1 Dekameter, 100 m = 1 Hektometer, 1000 m = 1 Kilometer (7,42 km = 1 deutsche geogr. Meile, 1,84 km = 1 Seemeile), 100 Quadratmeter = 1 Ar, 10000 qm = 1 Hektar, 1 Kubikmeter = 1000 Kubikdezimeter, 1 Kubikdezimeter = 1 Liter und fasst bei 4° Celsius 1 Kilo = 1000 Gramm Waaser, 100 Liter = 1 Hektoliter, 1000 l = 1 Kiloliter, 50 Kilogramm = 1 Zentner, 1000 kg = 1 Tonne.

Frankreich: 1 Franc à 100 Centimes = 80 Pf. (20 Francs Gold = 16 M. 20 Pf.). Metrische Masse und Gewichte. 1 See-Lieue = 3 See-Meilen = 5,556 km.

Griechenland: 1 Drachme à 100 Lepta = 80 Pf., 1 Pika à 10 Palmen = 1 Meter, 1 Kilo Getreide = 100 Liter, 1 Talent à 100 Minen à 1500 Drachmen = 150 Kilogr.

Grossbritannien: 1 Pfund Sterling à 20 Schilling à 12 Pence = 20 M. 40 Pf. (1 Schilling = 1 Mark). 1 Yard à 3 Fuss = 91 cm. (12 Yard = 11 m). 1 Meile = 1,61 km, 1 Seemeile = 1,85 km. 1 Quarter = 290 Liter. 1 Gallon à 4 Quarts à 2 Pints 4,54 Liter.

Italien: 1 Lire 100 Centesimi. Metr. Masse u. Gew. 1 Meile = 1,85 km.

Niederlande: 1 Gulden à 100 Cents = 1 70 M. Metr. Masse u. Gew. 1 Uur = 3 Seemeilen = 5,556 km

Norwegen: 1 Krone à 100 Öre = 1 M. 12½ Pf. Metr. Masse u. Gewichte. 1 Meile = 11,30 km.

Österreich: 1 Gulden à 100 Kreuzer = 2 Mark (Silberwert 1 M. 72 Pf.). Metr. Masse und Gewichte. 1 Meile = 7,59 km.

Portugal: 1 Milreis à 1000 Reis = 4 M. 54 Pf. Metr. Masse u. Gewichte.

Rumänien: 1 Leu à 100 Bani = 80 Pf., rum. Piaster = 30 Pf. Metr. Masse und Gewichte.

Russland: 1 Rubel à 100 Kopeken Silber = 3 M. 24 Pf. 1 Pud à 40 Pfund à 32 Lot = 16,379 kg. 1 Arschin à 16 Werschok = 0,7112 m. 1 Saschen à 7 Fuss = 2,133 m. 1 Werst = 1500 Arschinen = 1,067 km. 1 Tschetwert à 8 Tschetwerik = 209,907 l.

Schweden: 1 Krone à 100 Öre = 1 M. 12½ Pf. Metr. Masse u. Gew. 1 Meile = 36000 schwed. Fuss = 10,688 km.

Schweiz: 1 Franc à 100 Rappen (Cent.) = 80 Pf. Metr. Masse und Gewichte. 1 (Weg) Stunde = 4,80 km.

Serbien: 1 Milandor à 20 Dinar = 16,20 M. 1 Dinar à 100 Para = 80 Pf. Metr. Masse und Gewichte

Spanien: 1 Peseta à 100 Centisimos = 80 Pf. 1 Duro = 20 Reales = 4 M. 14 Pf. 1 Piaster = 100 Cents = 4 M. 100 span. Realen = 21 M.

Türkei: 1 Piaster à 40 Para = 40 Pf. Metr. Masse und Gewichte. 1 Berri = 1,67 km.

Vereinigte Staaten von Nordamerika: 1 Dollar à 100 Cents = 4 M. 20 Pf. Englische Masse und Gewichte aber auch nach metr. System.

Übersicht der alten Münzen, Masse und Gewichte.

Baden: 1 Gulden à 60 Kreuzer à 4 Pf. = 1 M. 71³/₇ Pf., 5 Ellen = 3 m, 2 Mass = 3 l, 1 Malter = 3 neue Scheffel à 50 l, 2 Pfund = 1 kg.

Bayern: 1 Gulden wie Baden, 6 Ellen = 5 Meter, 15 Mass = 16 Liter, 9 Scheffel = 40 neue Scheffel, 100 bayr. Pfund = 112 metr. Pfund.

Preussen: 1 Thaler à 30 Silbergroschen à 12 Pf. = 3 Mark, 1 Mark Banko = 1 M. 50 Pf., 3 Ellen = 2 Meter, 13 Quart = 15 Liter, 9 Scheffel = 10 neue Scheffel, 2 Pfund = 1 Kilo.

Sachsen: 1 Thaler à 30 Neugr. à 10 Pf. = 3 Mark, 7 Ellen = 4 m, 21 Kannen = 20 l, 12 Scheffel = 25 neuen Scheffeln, 2 Pfd. = 1 Kilo.

Württemberg: 1 Gulden wie Baden, 8 Ellen = 5 m, 11 Mass = 20 l, 9 Simri = 4 neue Scheffel, 2 Pfund = 1 Kilo.

Specifische Masse oder Dichtigkeiten einiger Körper.

a) Feste Körper.	
Aluminium, käufl.	2,7—2,8
» rein	2,583
Aluminiumbronze	7,7
Asbest	2,10—2,80
Asphalt	1,07—1,16
Basalt	2,7—3,2
Bernstein	1,06—1,09
Bimstein	0,9—1,6
Bittersalz	1,68
Blei, gegossen	11,35
» gewalzt	11,38
Bleioxyd	9,2—9,5
Bronze	8,8
Chlorcalcium	2,22
Cement	2,72—3,05
Diamant	3,49—3,53
Eis von 0°	0,9176
Eisen gegossen	7,0—7,7
» geschmiedet	7,6—7,89
Eisenvitriol	1,88
Elfenbein	1,87
Glas, Spiegel-	2,46
» Fenster-	2,65
» Krystall-	2,90
Gold, gediegen	18,6—19,1
» gegossen	19,30—19,33
» geprägt	19,50
Granit	2,50—3,05
Graphit	1,8—2,35
Holz, lufttrocken, Ahorn-	0,75
Buchen-	0,75
Eben-	1,19
Eichen-	0,62—0,85
Fichten-	0,47
Kork-	0,24
Linden-	0,56
Nuss-	0,66
Pappel-	0,36
Tannen-	0,56
Holzkohle, Stücke	0,36
» gestossen	1,45—1,7
Indigo	0,77
Jodsilber	5,62
Kalium	0,87
Kalk, gebrannt	1,55—1,8
Kautschuk	0,93
Kobalt, gegossen	8,71
Kochsalz	2,14
Kohlenstäbe ca.	1,6
Kohlenfäden (Glühlicht)	1,25—2,1
Kreide	1,8—2,7
Kupfer, gegossen	8,83—8,92
» gehämmert	8,82—8,96
Kupfervitriol	2,2
Magnesium	1,69—1,75
Marmor	2,65
Meerschaum	1,3
Messing, gegossen	8,44
» gewalzt	8,56
Neusilber	8,45
Nickel, gegossen	8,28
Phosphor, gelb	1,83
Platin, gegossen	21,48—21,50
» Blech, Draht	21,2—21,70
Porzellan	2,15—2,35
Salpeter	2,09
Schwefel	1,96—2,05
Silber, gegossen	10,42—10,51
» gewalzt	10,62
Stahl	7,3—7,9
Steinkohle	1,37
Steinsalz	2,28
Zink, gegossen	7,1
Zinn	7,29
Zucker	1,6
b) Flüssige Körper:	
Äther b. 15° C.	0,898
Alkohol b. 4° C.	0,80625
Benzin	0,688—0,729
Chloroform 0° C.	1,527
Kochsalzlösungen conc.	1,208
Meerwasser	1,026
Naphta	0,488
Baumöl 12° C. u. Rüböl	0,914
Petroleum gewöhnl.	0,878
Quecksilber 0° C.	13,5953
Schwefeläther 0° C.	0,715
Schwefelsäure conc. 44° C.	1,836
Wasser, destill. 4° C.	1,000

Die deutsche Reichswährung

ist seit dem 1. Januar 1876 im ganzen Umfange in Kraft, nachdem sie bereits durch die Münzordnung vom 9. Juli 1873 geregelt war. Nach letzterer bestehen die Reichsgoldmünzen aus einer Mischung von $^9/_{10}$ Gold und $^1/_{10}$ Kupfer, die Silbermünzen aus $^9/_{10}$ Silber und $^1/_{10}$ Kupfer, die Nickelmünzen aus $^1/_4$ Nickel und $^3/_4$ Kupfer und die Kupfermünzen aus 95% Kupfer, 4% Zinn und 1% Zink. Aus je 1 Pfund fein werden geprägt:

Goldmünzen. (1 Pfund Gold = 1395 M.) Zwanzigmarkstücke: 69,75, Zehnmarkstücke: 139,5 und Fünfmarkstücke 279.

Silbermünzen. Fünfmarkstücke: 20, Zweimarkstücke: 50, Einmarkstücke: 100, Fünfzigpfennigstücke: 200, Zwanzigpfennigstücke 500.

Gewicht.

		Das Normalgewicht:	das Passiergewicht
bei 1 Zwanzig-Markstück	ist	7,96495 g	7,92513 g
bei 1 Zehn-Markstück	ist	3,98248 g	3,96256 g
bei 1 Fünf-Markstück	ist	1,99124 g	1,97531 g

bei Silbermünzen: 90 M. in Silber wiegen 1 Pfund.

Münzzeichen. *A* Berlin, *B* Hannover, *C* Frankfurt a. M., *D* München, *E* Dresden, *F* Stuttgart, *G* Karlsruhe, *H* Darmstadt, *I* Hamburg. (Frankfurt a. M. seit 1880 aufgehoben, Dresden seit 1887 und nach Freiberg verlegt.)

Geldrollen. Goldrollen rosenfarben, Silberrollen weiss, Nickelrollen blau, Kupferrollen dunkelgrau. Inhalt:

Gold:	Zwanzig-Markstücke	für	1000 oder 2000 M.,
,,	Zehn-Markstücke	,,	1000 ,, 500 M.,
,,	Fünf-Markstücke	,,	500 M.
Silber:	Fünf-Markstücke	,,	200 M.
,,	Zwei-Markstücke	,,	100 M.
,,	Ein-Markstücke	,,	100 oder 50 M.

(Nach dem Finanzministerialblatt.)

Vorrat von deutschen Reichsmünzen.

Geprägt wurden:

Jahr	Gold Mark	Silber Mark	Nickel u. Kupfer Mark
1874	1 109 344 400	46 681 900	9 077 800
1875	1 275 765 000	164 241 900	26 833 000
1876	1 435 189 500	374 321 100	44 549 700
1877	1 547 729 000	420 544 100	44 756 300
1878	1 672 699 085	427 110 893	
1879	1 718 827 695	422 557 557	
1880	1 746 654 380	427 087 397	
1881	1 762 028 915	439 399 234	
1882	1 775 203 900	442 089 800	
1883	1 864 354 900	441 585 600	44 755 800
1884	1 922 016 605	442 064 327	
1885	1 928 890 830	444 491 484	44 842 462
1886	1 964 493 800	449 338 200	45 074 200
1887	2 082 535 025	452 342 210	46 412 410
1888	2 226 583 000	451 494 900	51 006 100
1889	2 428 558 000	452 236 000	54 573 700

Wieder eingezogen wurden hiervon: Goldmünzen 2 231 200 M., Silbermünzen 13 027 600 M., Nickel- und Kupfermünzen 1300 M.

Annähernde Schätzung des Geldvorrates Anfang 1890.

	Im ganzen Millionen Mark	Pro Kopf der Bevölkerung Mark
Reichsgoldmünzen	2000	46,50
Anderes Gold bei der Reichsbank	250	
Thalerstücke (einschl. der österr.)	444	18,50
Reichssilbermünzen	452	
Nickel- und Kupfermünzen	54,6	1,10
Reichskassenscheine	126,5	12,60
Ungedeckte Banknoten	484,3	
Sa.	3811,4	78,70

Umlauffähigkeit der Banknoten.

Papiergeld. Reichskassenscheine à 5, 20 und 50 M., Reichsbanknoten à 100, 500 und 1000 M.

Die Noten der folgenden Banken gelten im ganzen Deutschen Reiche: 1. Badische Bank. 2. Bayer. Notenbank. 3. Bank für Süddeutschland. 4. Breslauer Bank. 5. Chemnitzer Bank. 6. Danziger Privatbank. 7. Frankfurter Bank. 8. Magdeburger Privatbank. 9. Provinzialbank des Grossherzogtums Posen. 10. Reichsbank. 11. Sächs. Bank Dresden. 12. Württemberg. Notenbank.

Nur im eigenen Lande sind umlauffähig die Noten der Braunschweiger Bank, Hannover Stadt-Kassenscheine, der Landständischen Bank in Bautzen.

Papiergeld und Banknotenumlauf in Deutschland.

	Reichskassenscheine Mark	Banknoten im ganzen Mark	Ungedeckte Banknoten Mark
März 1881	155 785 540	959 771 000	225 460 000
„ 1882	152 164 210	959 527 000	258 326 000
„ 1883	148 504 890	968 901 000	219 846 000
„ 1884	144 845 570	960 431 000	207 064 000
„ 1885	141 186 000	965 029 000	277 042 000
„ 1886	137 528 000	1 017 777 000	205 338 000
„ 1887	133 868 475	1 113 442 000	241 835 000
„ 1888	130 209 155	1 152 005 000	187 965 000
„ 1889	126 552 405	1 206 519 000	172 143 000
„ 1890	122 908 940	1 229 796 000	309 514 000

Silberpreise und Wertrelation der Edelmetalle.

Jahre	Londoner Silberpreise			Wertrelation		
	Pence pro Unze Standard			kg Feinsilber für 1 kg Feingold		
	Höchster	Niedrigster	Jahresdurchsch.	Höchster	Niedrigster	Jahresdurchsch.
1841—50	61 1/2	58 1/3	59 5/8	15,33	16,12	15,82
1851—55	62 1/8	59 7/8	61 1/4	15,18	15,86	15,40
1856—60	62 3/4	60 1/2	61 5/8	15,03	15,59	15,30
1861—65	62 1/2	60 1/8	61 1/4	15,09	15,68	15,40
1866—70	62 1/4	60	60 5/8	15,15	15,72	15,55
1871—75	61 1/8	55 1/2	59	15,43	16,99	15,98
1876	58 1/2	46 3/4	52 3/4	16,12	20,17	17,88
1877	58 1/4	53 1/4	54 13/16	16,19	17,71	17,20
1878	55 1/4	49 1/2	52 9/16	17,07	19,05	17,94
1879	53 3/4	48 7/8	51 1/4	17,54	19,29	18,40
1880	52 7/8	51 5/8	52 1/4	17,83	18,27	18,05
1881	52 7/8	50 7/8	51 11/16	17,83	18,53	18,24
1882	52 7/16	50	51 5/8	17,98	18,86	18,27
1883	51 3/16	50	50 9/16	18,42	18,86	18,65
1884	51 3/8	49 1/2	50 5/8	18,35	19,05	18,63
1885	50	46 7/8	48 5/8	18,86	20,12	19,39
1886	47	42	45 3/8	20,06	22,45	20,78
1887	47 1/8	43 1/4	44 5/8	20,01	21,80	21,13
1888	44 9/16	41 15/16	42 7/8	21,16	22,48	21,94
1889	44 1/16	42	42 11/16	21,40	22,45	22,09

Die Londoner Silberpreise (Pence pro Unze Standard) im monatlichen Durchschnitt, 1876 und 1885—90.

	1876	1885	1886	1887	1888	1889	1890
Januar	$55\frac{5}{8}$	$49\frac{11}{16}$	$46\frac{3}{4}$	$46\frac{7}{8}$	$44\frac{3}{8}$	$42\frac{1}{2}$	$44\frac{1}{2}$
Februar	$54\frac{3}{8}$	$49\frac{3}{4}$	$46\frac{11}{16}$	$46\frac{3}{4}$	44	$42\frac{9}{16}$	44
März	$53\frac{1}{4}$	$49\frac{1}{8}$	$46\frac{3}{4}$	$45\frac{3}{4}$	$43\frac{3}{16}$	$42\frac{1}{2}$	$43\frac{7}{8}$
April	$53\frac{3}{4}$	$49\frac{3}{16}$	$46\frac{3}{8}$	$43\frac{9}{16}$	$42\frac{5}{8}$	$42\frac{3}{16}$	$45\frac{1}{4}$
Mai	53	$49\frac{7}{16}$	$45\frac{7}{16}$	$43\frac{5}{8}$	$42\frac{1}{8}$	$42\frac{3}{16}$	$46\frac{13}{16}$
Juni	$51\frac{1}{4}$	$49\frac{1}{8}$	$44\frac{7}{8}$	44	$42\frac{1}{16}$	42	$47\frac{9}{16}$
Juli	49	$49\frac{1}{4}$	$43\frac{9}{16}$	$44\frac{1}{8}$	$42\frac{1}{8}$	$42\frac{1}{8}$	$49\frac{3}{8}$
August	$51\frac{3}{4}$	$48\frac{13}{16}$	$42\frac{1}{4}$	$44\frac{3}{4}$	42	$42\frac{3}{8}$	$52\frac{3}{4}$
Septbr.	$51\frac{5}{8}$	$47\frac{3}{4}$	$43\frac{13}{16}$	$44\frac{3}{4}$	$43\frac{3}{16}$	$42\frac{9}{16}$	53
Oktober	$52\frac{5}{8}$	$47\frac{7}{16}$	$45\frac{1}{4}$	$44\frac{3}{16}$	$42\frac{1}{8}$	$43\frac{1}{16}$	50
Novbr.	$53\frac{3}{4}$	$47\frac{3}{8}$	$46\frac{1}{2}$	$43\frac{7}{8}$	43	44	$51\frac{3}{4}$
Dezbr.	$56\frac{5}{8}$	$47\frac{3}{16}$	$45\frac{3}{4}$	$44\frac{7}{16}$	$42\frac{7}{16}$	$44\frac{1}{16}$	50

Im Münzsystem der Vereinigten Staaten ist die gesetzliche Wertrelation des Silbers zum Golde 1 : 16 (genauer 1 : 15,983); die Unze Feinsilber wird ausgeprägt zu 129,29 Cents, was der Londoner Notierung von 59 Pence per Unze Standard-Silber nahezu entspricht (Nach dem Gothaischen Hofkalender.)

Geschäftsverkehr mit der Reichsbank.

Jeder solide Geschäftsmann kann mit der Reichsbank in Geschäftsverkehr treten. Er hat zu diesem Behufe die erforderlichen Mitteilungen über seine Verhältnisse zu machen und, wenn seine Firma in das Handelsregister eingetragen ist, einen beglaubigten Auszug aus demselben zu überreichen.

Falls der Geschäftsverkehr durch einen Bevollmächtigten oder Prokuristen vermittelt werden soll, so ist eine nur für die Reichsbank gültige Vollmacht auszustellen. (Muster hierfür bestimmt die Reichsbank.) Eine persönliche Vorstellung des Bevollmächtigten ist erforderlich, falls derselbe zur Empfangnahme von Geldern berechtigt sein soll.

Diskontierungsgeschäft. I n l ä n d i s c h e W e c h s e l. Wechsel müssen den in der Wechselordnung vorgeschriebenen Erfordernissen entsprechen, eine Verfallzeit von höchstens drei Monaten haben und die Unterschrift von mindestens zwei als zahlungsfähig bekannten Personen oder Firmen tragen. Die Wechsel auf Plätze, an denen sich Reichsbankhauptstellen oder Reichsbankstellen befinden, sind an diese, die Wechsel auf Nebenplätze an die betreffende Unteranstalt (Reichsbankkommandite, Reichsbanknebenstelle, Regierungshauptkasse) zu girieren.

W e c h s e l n o t e n. Diejenigen Wechsel, welche innerhalb des Bezirks der diskontierenden Bankanstalt zahlbar sind — Platzwechsel — sind von denjenigen Wechseln, welche auf einen andern Bankplatz lauten — Rimessenwechsel — getrennt, auf besonderen Rechnungen nach dem Betrage, Verfalltage, Bezogenen und Zahlungsort der einzelnen Appoints zu verzeichnen und die in Abzug kommenden Zinsen auszurechnen.

Bei der Zinsberechnung wird jeder Monat zu 30 Tagen angenommen, der Tag der Diskontierung aber nicht mitgezählt. Bei Wechseln, welche am Diskontierungsorte zahlbar sind, sind die Zinsen für wenigstens 4 Tage, bei nicht am Ankaufsorte zahlbaren Wechseln, welche in Stücken von 10 000 Mark und mehr oder bei Posten von mindestens 20000 Mark in Stücken von nicht unter 5000 Mark eingereicht werden, für 5 Tage, bei allen anderen Wechseln für wenigstens 10 Tage in Abzug zu bringen, für jeden einzelnen zu diskontierenden Wechsel im Betrage von 100 Mark sind jedoch an Zinsen mindestens 30 Pf., für jeden Wechsel über mehr als 100 Mark mindestens 50 Pf., zu entrichten. Platzwechsel und domizilierte Rimessenwechsel müssen vor der Diskontierung mit Accept versehen sein. Die Wechselnoten sind vom Diskontanten, bezw. dessen Prokuristen oder Bevollmächtigten eigenhändig zu quittieren.

Ausländische Wechsel. Die Reichsbank kauft Wechsel auf diverse Plätze des Auslandes unter Annahme des letzten amtlich notierten Kurses der Berliner- bezw. Frankfurter Börse abzüglich 1 vom Tausend (mindestens 60 Pf.) Provision vom Rechnungsbetrage an. Der Bank zur Last fallende Zinsen werden bei 4 vom Hundert und weniger mit $^1/_2$, bei 4 bis 7 vom Hundert mit 1, bei mehr als 7 vom Hundert mit $1^1/_2$ vom Hundert Abschlag vergütet. Ausser Belgien, wo auch Rechnung in holl. Gulden zulässig ist, müssen die Wechsel stets in der Geldsorte des betr. Landes, in dem sie zahlbar sind, ausgestellt sein.

Belgien: Kursabzug bei kleineren Beträgen als 1000 Frcs. und auf Plätze ausser Brüssel und Antwerpen 20 Pf. Bei auf belgische Plätze lautenden, in holl. Gulden ausgestellten Wechseln findet die Umrechnung nach dem festen Satze von 400 Frcs. für 189 holl. Gulden statt. Laufzeit bei Ankauf mindestens 14 Tage mit Ausnahme der auf Antwerpen.

Frankreich: Kursabzug bei Beträgen von 1000 Frcs. 20 Pf. Der Ankauf beschränkt sich nur auf Wechsel; Anweisungen, Checks u. dgl. Papiere sind ausgeschlossen.

Holland: Kursabzug bei Beträgen unter 500 Gulden 30 Pf.

Italien: Kursabzug 20 Pf. Laufzeit bei Ankauf für die in Sardinien oder Sizilien zahlbaren Wechsel mindestens 17, für alle übrigen mindestens 10 Tage. Bemerkungen wie „ohne Kosten", „ohne Protest" sind unzulässig.

Kopenhagen: Kursabzug bei Beträgen unter 1000 Kronen 30 Pf. Laufzeit bei Ankauf mindestens 10 Tage.

England: Kursabzug bei Wechseln auf London unter 100 Pfd. Sterling 2 Pf.

Schweiz: Einen besonderen Abzug, 1 vom Tausend erleiden alle Wechsel unter 500 Frcs. Laufzeit bei Ankauf mindestens 10 Tage. Bemerkungen (s. Italien) nicht zulässig.

Christiania, Gothenburg und Stockholm: Kursabzug bei Beträgen unter 1000 Kronen 30 Pf. Laufzeit bei Ankauf mindestens 10 Tage.

Genauere Informationen sind aus dem bei den Reichsbankstellen erhältlichen grünen Buche zu ersehen.

Einziehungsgeschäft. Wechsel, Anweisungen und Wertpapiere aller Art auf inländische Bankhäuser, welche in Mark und an einem Bankplatze zahlbar sind, nimmt die Reichsbank zur Einziehung an und berechnet dafür neben dem Porto eine Provision von 1‰, bei Checks auf die Beichsbank und Mitglieder von Abrechnungsstellen $^1/_5$‰ jedoch mindestens 50 Pf. pro Stück, bei Zinscoupons eine Provision von $^1/_4$‰, jedoch mindestens 50 Pf. für jede Gattung, sofern der Auftraggeber sich an die Bankanstalt wendet, zu deren Geschäftsbezirk er gehört.

Die zur Einziehung übergebenen Wechsel dürfen keine längere als eine 14tägige Verfallzeit haben. Sie sind mit direktem Giro, und wenn sie weniger als 5 Tage zu laufen haben, mit der Erklärung »ohne Verbindlichkeit zur rechtzeitigen Präsentation bezw. Protesterhebung« zu versehen, da die Bank nicht jeden Wechsel besonders versenden, also auch für die rechtzeitige Präsentation bezw. Protesterhebung verspätet eingereichter Wechsel nicht aufkommen kann.

Lombardverkehr. Die Reichsbank erteilt in Berlin und bei allen Zweiganstalten Lombarddarlehen zu einem öffentlich bekannt gemachten Zinssatze gegen Verpfändung von edlen Metallen, im Inlande lagernde Wechsel und gegen Verpfändung der nachbenannten Papiere. Mit $^3/_4$ des Kurswertes werden beliehen: die vom Reiche oder einem deutschen Staate ausgegebenen Anleihen oder Schatzanweisungen, sowie die von deutschen Staaten ausgegebenen zinstragenden Prämienanleihen, Provinzial-, Kreis-, Stadt-, Deichbau- und andere Obligationen, ferner auf Eisenbahn-,

Stamm- und Prioritätsaktien und -Obligationen. Mit 1/2 des Kurswertes werden beliehen: Bonds der Vereinigten Staaten von Amerika, Ital. Rente, Österr. in Gold verzinsl. Staatsrenten Anleihe à 4%, der Norwegischen 4prozentigen Anleihe von 1880, der 3prozentigen von 1888, der Schwedischen 4½prozentigen Anleihe von 1875, der 3½prozentigen von 1886, Ungar. Goldrente à 4%, die 3prozentigen vom Staate garantierten Prioritäts-Obligationen der Italienischen Mittelmeer, Meridonial- und Sizilianischen Eisenbahn Gesellschaft, deren Zinsen in deutscher Währung zu festem Kurse zahlbar sind. Die vom Norwegischen Staate garantierte 4prozentige Eisenb.-Anleihe von 1883.

Giroverkehr. Anträge auf Eröffnung eines Kontos sind an die nächstgelégene Reichsbankstelle zu richten. Der Antragsteller erhält alsdann die nötigen Formulare und ein Konto-Gegenbuch, in welches alle von ihm und für ihn bar oder durch Verrechnung eingehenden Gelder eingetragen werden. Die der Reichsbank zum Inkasso übergebenen Checks, Wechsel, Anweisungen, Rechnungen und sonstigen Papiere müssen quittiert sein und mit einem speziellen Verzeichnisse eingereicht werden zu welchem die Bank Formulare liefert. Über sein Guthaben kann der Konto-Inhaber in beliebigen Teilbeträgen jederzeit verfügen, jedoch nur durch Checks auf Formularen, welche ihm die Bank geliefert hat. Bare Abhebungen erfolgen durch weisse Checks, welche auf eine bestimmte Person oder Firma mit dem Zusatze „oder Überbringer" lauten. Zu Übertragungen auf Konten an demselben oder an einem andern Bankplatze sind die roten Checkformulare bestimmt. Sie müssen auf den Namen ausgestellt werden und sind nicht übertragbar. Makulierte Checkformulare sind, mit dem Firmenstempel oder mit dem Namen des Konto-Inhabers versehen, an die Bank zurückzuliefern. Verfügt der Konto-Inhaber über mehr, als sein Guthaben beträgt, so lehnt die Bank nicht bloss die Zahlung ab, sondern behält sich auch vor, den Verkehr mit ihm sofort gänzlich abzubrechen. Verfügt er über sein ganzes Guthaben, so drückt er damit die Absicht aus, sein Konto zu schliessen. Beim Schliessen des Kontos sind mit der letzten Abhebung sämtliche restierenden Checkformulare an die Bank zurückzuliefern.

Die Girogelder werden von der Bank spesenfrei verwaltet, aber nicht verzinst.

Die Konto-Gegenbücher sind möglichst oft, aber mindestens einmal monatlich zur Eintragung der Posten vorzulegen.

Jährlich am 7. Juli und 31. Dezember werden sämtliche Konten abgeschlossen und der Saldo aufs neue vorgetragen.

Die Reichsbank erwartet, dass die Konto-Inhaber die Giro-Einrichtung nur für sich selbst oder für andere Konto-Inhaber, nicht für dritte Personen benutzen und ein der Mühewaltung entsprechendes bares Guthaben halten werden. Sie behält sich das Recht vor, den Vertrag ohne weiteres durch schriftliche Benachrichtigung aufzuheben, wenn dieser Erwartung nicht entsprochen wird, oder wenn sie aus anderen Gründen die Aufhebung für an gemessen erachtet.

Von baren Einzahlungen von mehr als 5000 M. bei einer Unteranstalt muss der Konto-Inhaber sofort der vorgesetzten Bankanstalt Mitteilung machen. Giro-Übertragungen auf Grund roter Checks in Beträgen von 3000 bis 150000 M. werden der Bestimmungsanstalt unmittelbar überwiesen, bei Beträgen von mehr als 50000 M. nur dann, wenn gegen die Überweisung Wechsel- oder Lombardgeschäfte gemacht werden, aus welchen der Reichsbank ein mindestens zehntägiger Zinsgewinn erwächst.

Bei Unteranstalten sind die Gegenbücher am 31. Dezember und — mit Ausnahme des Januar — am 7. jeden Monats zur Einsendung an die vorgesetzte Bankanstalt behufs Eintragung der Posten einzureichen.

Ein- und Auszahlungsverkehr. Bei allen Reichsbankstellen werden Summen jeden Betrages zur Wiederauszahlung an bestimmte Personen bei anderen Reichsbankstellen gegen Empfangsbescheinigung angenommen. Auf besondern Antrag erteilen diese Bankanstalten ausnahmsweise auch Anweisungen auf einander, wobei indessen der Betrag des dafür zu entrichtenden Stempels von dem Antragsteller zu tragen ist. An Provision wird berechnet: für jede Einzahlung oder Anweisung von Summen bis zu 2500 Mk., 50 Pf., bei höheren Beträgen 1 Pf. mehr für jede angefangenen oder vollen 50 M.

Effekten-Kommissionsgeschäft. Anträge zum An- und Verkauf von Effekten werden vom Comptoir der Reichshauptbank für Wertpapiere in Berlin W, sowie von allen auswärtigen Bankanstalten entgegengenommen. Ankaufsaufträge werden erst dann ausgeführt, wenn der dazu erforderliche Geldbetrag bei der betreffenden Bankanstalt bar eingezahlt oder bankmässig sichergestellt ist. Die Versendung der angekauften bezw. der zu verkaufenden Papiere erfolgt unter voller Wertdeklaration, wenn der Auftraggeber nicht eine andere Wertangabe verlangt. Das entstehende Porto fällt dem Auftraggeber zur Last. An Provision berechnet die Reichsbank in allen Fällen, also beim Ankauf wie beim Verkauf, auch wenn der Auftrag gleichzeitig erteilt wird, $^1/_8$ % vom Nominalbetrage der Effekten, mindestens aber 50 Pf. für jede Effektengattung. Ausserdem berechnet die Reichsbank in allen Fällen die nach Börsenbrauch übliche Maklergebühr, mindestens $^1/_2$ pro Mille des Nominalbetrages.

Offene Depots von Wertpapieren. Die Reichshauptbank in Berlin nimmt Wertpapiere und Dokumente jeder Art in Verwahrung. Die Übergabe kann auch durch einen Beauftragten oder durch die Post erfolgen. Über jede Gattung von Papieren wird ein besonderer Depotschein erteilt; für eine jede ist daher eine besondere Deklaration einzureichen. Die Nummern der Papiere werden auf den Depotscheinen nicht verzeichnet. Nur bei verlosbaren Papieren kann der Deponent ein Duplikat des Nummern-Verzeichnisses der Deklaration beifügen, welches er im Falle der Annahme des Depots mit dem Depotschein abgestempelt zurückerhält. Den Deponenten ist gestattet, in einem versiegelten Schreiben noch ein beliebig zu wählendes Passwort einzureichen, ohne dessen Angabe die Auslieferung des Depots versagt werden kann.

Die Reichsbank übernimmt für die sichere und getreue Aufbewahrung der ihr übergebenen Papiere die volle Gewähr und ausserdem die Verpflichtung:

a) die zu den Papieren gehörigen Zins- und Dividendenscheine, wenn sie in Berlin oder am Sitze einer Zweiganstalt der Reichsbank zu einem festen Kurse in Reichswährung eingelöst werden, an den Fälligkeitsterminen einzuziehen, andern Falles dieselben an der Berliner Börse verkaufen zu lassen;

b) die in der Allgemeinen Verlosungstabelle des Deutschen Reichs- und Königlich Preussischen Staatsanzeigers während der Dauer der Aufbewahrung erscheinenden Ziehungs- und Verlosungslisten, sowie die Bekanntmachungen über Kündigung oder Konvertierung von Papieren nachsehen zu lassen und die danach zur Rückzahlung gelangenden Stücke des Deponenten an den festgesetzten Terminen zur Einlösung zu präsentieren bezw. die Konvertierung zu besorgen, auch die Stücke, wenn sie in Berlin oder am Sitze einer Zweiganstalt der Reichsbank zu einem festen Kurse in Reichswährung nicht eingelöst werden, an der Börse verkaufen zu lassen;

c) die nach a) und b) eingehenden Beträge in Berlin bei dem Comptoir für Wertpapiere spätestens am dritten Tage nach dem Fälligkeitstermine, bei den Reichsbankanstalten spätestens 8 Tage nach dem Fälligkeitstermine zur Verfügung des Deponenten zu stellen;

d) die neuen Zins- und Dividendenscheine rechtzeitig abheben zu lassen;

e) vollgezahlte Interimsscheine in definitive Stücke umzutauschen;

f) das mit den deponierten Papieren jetzt oder später etwa verbundene Bezugsrecht auf neue Papiere geltend zu machen und die weiteren Einzahlungen auf nicht vollgezahlte Papiere für den Deponenten zu leisten, wenn derselbe solches spätestens 8 Tage vor Ablauf der dazu festgesetzten Zeitpunkte schriftlich beantragt und den erforderlichen Geldbetrag mit den Gebühren (s. unten) gleichzeitig einzahlt.

Der Verkauf an der Börse (a und b) erfolgt 8 Tage vor Fälligkeit der in Europa zahlbaren und 14 Tage vor Fälligkeit der an aussereuropäischen Plätzen zahlbaren Zinsscheine bezw. Papiere.

Für die mit diesen Leistungen verbundene Mühewaltung und Gefahr ist pro Jahr eine Provision von $^3/_{10}$ pro Mille, bei im Auslande ausgestellten Papieren von $^1/_2$ pro Mille, mindestens aber 1 M. für jeden Depotschein zu entrichten. Für das Nachsehen der verlosbaren Papiere, sowie der Bekanntmachungen über Kündigung und Konvertierung derselben sind für das Jahr ausserdem 10 Pf. für jedes Stück zu zahlen. — Für die Einziehung der Zinsscheine am Sitze einer Zweiganstalt der Reichsbank (a), für die Erhebung und Auszahlung verloster oder gekündigter Papiere, sowie für die Geltendmachung des Bezugsrechts und für Einzahlungen berechnet die Reichsbank ausser den Auslagen an Porto, Courtage etc. $^1/_8$ %, mindestens aber 0,50 M. der zu leistenden bezw. der zu erhebenden Zahlungen. Für die Abhebung neuer Zins- und Dividendenscheine werden nur die baren Auslagen berechnet. Die Depotscheine lauten auf den Namen und sind nicht übertragbar. Werden sie trotzdem cediert oder verpfändet oder werden die Depots gerichtlich gepfändet, so ist die Bank berechtigt, die Papiere auf Gefahr und Kosten des Deponenten zu hinterlegen. Das Depot wird auf Verlangen während der Geschäftsstunden jederzeit zurückgegeben, aber nur im Ganzen und nur gegen Rückgabe des auf der Vorderseite mit Quittung: »Das vorstehende Depot habe ich zurückerhalten. Ort, Datum, Unterschrift« versehenen Depotscheines oder, wenn er verloren ist, nach gerichtlicher Kraftloserklärung desselben.

Verschlossene Depositen. Die Depositen müssen mit dem Vor- und Zunamen bezw. der Firma des Deponenten verschlossen sein. Die Reichsbank haftet für das Depositum höchstens bis zum Wertbetrage von 5000 M., ausser wenn dasselbe zu einem höheren Werte angegeben ist. Für höhere Gewalt oder inneren Verderb ist die Reichsbank in keinem Falle verantwortlich. Das Lagergeld beträgt bei Depositen bis zu 30 cm Breite und Höhe, 40 cm Länge und 10 kg Gewicht 10 M., darüber hinaus: bis zu 60 cm Breite und Höhe, 70 cm Länge und 25 kg Gewicht 20 M., bei noch grösseren: bis zu 100 cm Länge, Breite und Höhe oder einem Gewicht von mehr als 25 kg 30 M., für das Jahr. Depositen von mehr als 100 oder weniger als 15 cm Länge, Breite und Höhe werden nicht angenommen.

Verzeichnis der Reichsbankstellen.

Die Reichsbankhauptstellen sind fettgedruckt. Reichsbankstellen mit *, die Regierungshauptkassen mit ** bezeichnet, die Reichsbanknebenstellen ohne Auszeichnung aufgeführt, die Reichsbankwarendepots durch ein W kenntlich gemacht.

Aachen *	Bamberg	Bielefeld *	**Breslau**
Allenburg W	Barmen	Bingen	Brieg
Allenstein	Bartenstein	Bischofsburg W	Bromberg *
Altenburg	Barth W	Bocholt	Bruchsal
Altona	Bautzen	Bochum	Bütow W
Anklam W	Belgard	Brandenburg	Cammin W
Apolda	**Berlin**	Braunsberg	Cassel *
Aschersleben	Bernburg	Braunschweig *	Celle
Augsburg *	Beuthen	**Bremen**	Chemnitz *

Coblenz *
Cöln
Cörlin W
Cöslin *
Colberg
Colmar i. Els.
Cottbus *
Crefeld *
Creuznach
Crimmitzschau
Cüstrin
Culm
Danzig
Darmstadt
Demmin W
Dtsch. Eylau W
Dillenburg
Dortmund
Dresden *
Düren
Düsseldorf *
Duisburg
Eisenach
Elberfeld *
Elbing *
Emden *
Erfurt *
Eschwege
Essen *
Eupen
Finsterwalde
Fischhausen W
Flatow W
Flensburg *
Forst
Frankenthal
Frankfurt a. M.
Frankfurt a. O. *
Freiburg i. Br.
Friedland in Ostpr. W
Fürth
Gelsenkirchen
Gera *
Giessen
M. Gladbach
Gleiwitz *
Glogau *
Gnesen
Göppingen
Görlitz *
Göttingen
Goldap W
Graudenz *
Greifswald
Greiz
Grünberg
Guben
Gumbinnen
Gummersbach
Hagen
Halberstadt
Halle a. d. S.*
Hamburg
Hameln
Hanau
Hannover
Harburg
Heddersdorf
Heidelberg
Heilbronn
Heilsberg W
Herford
Hildesheim
Hirschbg. i. Schl.
Hof
Inowraclaw
Insterburg
Iserlohn
St. Johann a. S.
Jarmen W
Kaiserslautern
Karlsruhe *
Kaufbeuren
Kempten
Kiel *
Königsberg i.Pr.
Königsb. NM. W
Konitz W
Konstanz
Krotoschin
Labiau
Lahr
Landau
Landeshut Schl.
Landsberg a.W.*
LauenburgPom.
Leipzig
Lennep
Liegnitz *
Limburg a. d. L.
Lindau
Linden
Lippstadt
Lissa
Lörrach
Ludwigsh. a. R.
Lübeck *
Lüdenscheid
Lyck
Magdeburg
Mainz *
Mannheim
Marienburg W
Marienwerder **
Meerane
Memel *
Metz *
Minden *
Mühlhaus i.P.W.
Mühlhaus. i. Th.
Mülhausen i. E.*
Mülheim a. R.
Mülheim a. Rh.
München
Münster i. W.*
Naumburg a.S.
Neisse
Neubrandbg. W
Neumünster
Neuss
Neustadt a. d. H.
Neu-Stetttin
Neuwied
Nordhausen
Nürnberg *
Offenbach
Osnabrück *
Osterode W
Ostrowo
Paderborn
Pasewaik W
Passau
Pforzheim
Pillkallen W
Pirmasens
Plauen i. Voigtl.
Pleschen
Pössneck
Posen
Prenzlau
Quedlinburg
Rastenburg
Ratibor
Rawitsch
Regensburg
Reichenbach Sl.
Reichenbach i.V.
Remscheid
Reutlingen
Rheydt
Rogasen W
Rostock
Rügenwalde
Russ W
Saalfeld W
Saarbrücken
Sagan
Schippenbeil W
Schirwindt W
Schlawe W
Schneidemühl
Schwedt
Schwelm
Schwiebus
Siegen *
Soest
Solingen
Sommerfeld
Sorau
Speier
Spremberg
Stallupönen W
Stargard i. P.
Pr. Stargard W
Stettin
Stolp *
Stralsund *
Strassburg i. Els.
Stuttgart
Suhl
Tapiau W
Thorn *
Tilsit *
Treptow a.d.T.W
Trier **
Ulm (Neu-Ulm)
Viersen
Waren W
Wehlau W
Weimar
Weissenfels a. S.
Wesel
Wetzlar
Wiesbaden
Witten a. d. Ruhr
Wolgast W
Wongrowitz W
Worms
Wronke W
Würzburg
Zeitz
Zittau
Zweibrücken
Zwickau

Barvorrat und Notenumlauf der Deutschen Reichsbank.

	Barvorrat Mark	Notenumlauf Mark
Ende Dezember 1875	438 043 000	735 723 000
» » 1876	500 592 000	766 107 000
» » 1877	452 173 000	715 830 000
» » 1878	472 111 000	663 737 000
» » 1879	539 373 000	792 808 000
» » 1880	522 417 000	806 118 000

Ende Dezember			Barvorrat Mark	Notenumlauf Mark
»	»	1881	514 440 000	859 388 000
»	»	1882	558 730 000	831 131 000
»	»	1883	558 577 000	829 713 000
»	»	1884	517 828 000	854 137 000
»	»	1885	618 242 000	858 925 000
»	»	1886	669 509 000	1009 523 000
»	»	1887	766 836 000	1010 459 000
»	»	1888	858 474 000	1093 441 000
»	»	1889	734 579 000	1160 536 000
»	Juni	1890	849 638 000	1084 466 000

Aus der allgemeinen deutschen Wechselordnung.

§ 1. Gezogene und eigene Wechsel unterliegen im Gebiete des Deutschen Reiches einer nach Vorschrift dieses Gesetzes zu erhebenden, zur Reichskasse fliessenden Abgabe. Von der Stempelabgabe befreit bleiben: 1) Die vom Auslande auf das Ausland gezogenen, nur im Auslande zahlbaren Wechsel, 2) die vom Inlande auf das Ausland gezogenen, nur im Auslande, und zwar auf Sicht oder spätestens innerhalb 10 Tagen nach dem Tage der Ausstellung zahlbaren Wechsel, sofern sie vom Aussteller direkt in das Ausland remittiert werden.

§ 2. Die Wechselstempelabgabe beträgt:

von einer Summe von		200 M.	und weniger		0,10 M.	
» » »	über	200 »	bis	400 M.	0,20 »	
» » »	»	400 »	»	600 »	0,30 »	
» » »	»	600 »	»	800 »	0,40 »	
» » »	»	800 »	»	1000 »	0,50 »	

und von jedem ferneren 1000 M. der Summe 0,50 M. mehr, dergestalt, dass jedes angefangene Tausend für voll gerechnet wird.

§ 3. Die zum Zweck der Berechnung der Abgabe vorzunehmende Umrechnung der in einer andern als der R.-M.-Währung (§ 2) ausgedrückten Summen erfolgt, soweit der Bundesrat nicht für gewisse Währungen allgemein zu Grunde zu legende Mittelwerte festsetzt und bekannt macht, nach Massgabe des laufenden Kurses.

§ 4. Für die Entrichtung der Abgabe sind der Bundeskasse sämtliche Personen, welche an dem Umlaufe des Wechsels im Bundesgebiete teilgenommen haben, solidarisch verhaftet.

§ 5. Als Teilnehmer an dem Umlaufe eines Wechsels wird hinsichtlich der Steuerpflichtigkeit angesehen: der Aussteller, jeder Unterzeichner oder Mitunterzeichner eines Acceptes, eines Indossaments oder einer andern Wechselerklärung und jeder, der für eigene oder fremde Rechnung den Wechsel erwirbt, veräussert, verpfändet oder als Sicherheit annimmt, zur Zahlung präsentiert, Zahlung darauf empfängt oder leistet, oder mangels Zahlung Protest erheben lässt, ohne Unterschied, ob der Name oder die Firma auf den Wechsel gesetzt wird oder nicht.

§ 6. Die Entrichtung der Stempelabgabe muss erfolgen, ehe ein inländischer Wechsel von dem Aussteller, ein ausländischer Wechsel von dem ersten inländischen Inhaber (§ 5) aus den Händen gegeben wird.

§ 7. Dem Aussteller eines inländischen Wechsels und dem ersten inländischen Inhaber eines ausländischen Wechsels ist gestattet, den mit einem inländischen Indossament noch nicht versehenen Wechsel vor Entrichtung der Stempelabgabe lediglich zum Zwecke der Annahme zu versenden und zur Annahme zu präsentieren. Der Acceptant eines unversteuerten Wechsels ist verpflichtet, vor der Rückgabe oder jeder anderweiten Aushändigung des Wechsels die Versteuerung desselben zu bewirken.

Wird jedoch ein nicht zum Umlauf im Reichsgebiet bestimmtes Exemplar eines in mehreren Exemplaren ausgefertigten Wechsels zur Einholung des Acceptes benutzt, so bleibt der Acceptant von der Verpflichtung zur Versteuerung befreit, wenn die Rückseite des acceptierten Exemplars vor der Rückgabe dergestalt durchkreuzt wird, dass hierdurch die weitere Benutzung desselben zum Indossieren ausgeschlossen wird.

§ 8. Wird derselbe Wechsel in mehreren, im Kontexte als Prima, Sekunda, Tertia etc. bezeichneten Exemplaren ausgefertigt, so ist unter diesen dasjenige zu versteuern, welches zum Umlaufe bestimmt ist.

§ 9. Ausserdem unterliegt der Vesteuerung jedes Exemplar, auf welches eine Wechselerklärung — mit Ausnahme des Acceptes — gesetzt ist, die nicht auf einem nach Vorschrift dieses Gesetzes versteuerten Exemplare sich befindet. Die Versteuerung muss erfolgen, ehe das betreffende Exemplar von dem Aussteller der die Stempelpflichtigkeit begründeten Wechselerklärung, oder wenn letztere im Auslande abgegeben ist, von dem ersten inländischen Inhaber aus den Händen gegeben wird.

Soll ein unversteuertes Wechselduplikat ohne Auslieferung eines versteuerten Exemplars desselben Wechsels, bezahlt oder mangels Zahlung protestiert werden, so ist die Versteuerung desselben zu bewirken, ehe die Zahlung oder Protestaufnahme stattfindet.

Der Beweis des Vorhandenseins eines versteuerten Wechselduplikates oder des Einwandes, dass die auf ein unversteuertes Exemplar gesetzte Wechselerklärnng auf einem versteuerten Duplikate abgegeben sei, oder dass bei Bezahlung eines unversteuerten Duplikates auch ein versteuertes Exemplar ausgeliefert sei, liegt demjenigen ob, welcher wegen unterlassener Versteuerung eines Wechselexemplars in Anspruch genommen wird.

§ 10. Die Bestimmungen in § 9 finden gleichmässig auf Wechselabschriften Anwendung, welche mit einem Original-Indossamente oder mit einer anderen urschriftlichen Wechselerklärung versehen sind. Jede solche Abschrift wird hinsichtlich der Besteuerung einem Duplikate desselben Wechsels gleichgeachtet.

§ 11. Ist die in den §§ 6—10 vorgeschriebene Versteuerung eines Wechsels, eines Wechselduplikates oder einer Wechselabschrift unterlassen, so ist der nächste und, so lange die Versteuerung nicht bewirkt ist, auch jeder fernere inländische Inhaber verpflichtet, den Wechsel zu versteuern.

§ 13. Die Verpflichtung zur Entrichtung der Stempelabgabe wird erfüllt 1) durch Ausstellung des Wechsels auf einen mit dem erforderlichen Reichsstempel versehenen Blankett, oder 2) durch Verwendung der erforderlichen Reichsstempelmarke auf dem Wechsel, wenn hierbei die von dem Bundesrate erlassenen und bekannt gemachten Vorschriften über **die Art und Weise der Verwendung** beobachtet werden.

Anmerkung. Die den erforderlichen Steuerbetrag darstellenden Marken sind auf der Rückseite der Urkunde, und zwar, wenn die Rückseite noch unbeschrieben ist, unmittelbar an einem Rande derselben, andernfalls unmittelbar unter dem letzten Vermerke (Indossament u. s. w.) auf einer mit Buchstaben und Ziffern nicht beschriebenen oder bedruckten Stelle aufzukleben. In jeder einzelnen der aufgeklebten Marken muss das Datum der Verwendung der Marke auf dem Wechsel, und zwar der Tag und das Jahr mit arabischen Ziffern, der Monat mit Buchstaben mittels deutlicher Schriftzeichen, ohne jede Rasur, Durchstreichung oder Überschrift an der durch den Vordruck bezeichneten Stelle niedergeschrieben werden. Allgemein übliche Abkürzungen der Monatsbezeichnung mit Buchstaben sind zulässig (z. B. 7. Sept. 1891, 8. Oktbr. 1891).

§ 15. Die Nichterfüllung der Verpflichtung zur Entrichtung der Stempelabgabe, wird mit einer Geldbusse bestraft, welche dem 50fachen Betrage der hinterzogenen Abgabe gleichkommt.

Diese Strafe ist besonders und ganz zu entrichten von jedem, welcher der nach den §§ 4—12 ihm obliegenden Verpflichtung zur Entrichtung der Stempelabgabe nicht rechtzeitig genügt hat, ingleichen von inländischen Maklern und Unterhändlern, welche unversteuerte Wechsel verhandelt haben.

Börsensteuer.

Gesetz betreffend die Erhebung von Reichsstempelabgaben in der Fassung des Gesetzes vom 29. Mai 1885.

§ 1. Die in dem anliegenden Tarif unter 1., 2., 3. und 5. bezeichneten Urkunden und die daselbst unter 4. bezeichneten Geschäfte unterliegen den daselbst bezeichneten Abgaben nach Massgabe der nachstehenden Bestimmungen.

I. Aktien, Renten- und Schuldverschreibungen (Tarifnummer 1—3).

§ 2. Die Verpflichtung zur Entrichtung der unter Tarifnummer 1—3 bezeichneten Stempelabgabe wird erfüllt durch Zahlung des Abgabebetrages an eine zuständige Steuerstelle, welche auf dem vorzulegenden Wertpapiere Reichsstempelmarken zum entsprechenden Betrage zu verwenden oder die Aufdrückung des Stempels zu veranlassen hat.

§ 3. Wer Wertpapiere der unter den Tarifnummern 1—3 bezeichneten Art innerhalb des Bundesgebietes ausgibt, veräussert, verpfändet oder ein anderes Geschäft unter Lebenden damit macht oder Zahlung damit leistet, bevor die Verpflichtung zur Versteuerung erfüllt oder in den in der Befreiung zur Tarifnummer 1 und den unter Tarifnummer 2 lit. cc und 3 lit. b bezeichneten Fällen den Kontrollvorschriften des Bundesrats genügt ist, verfällt in eine Geldstrafe, welche dem 25 fachen Betrage der hinterzogenen Abgabe gleichkommt, mindestens aber 20 M. für jedes Wertpapier beträgt.

§ 4. Wer stempelpflichtige inländische Wertpapiere, welche von einem früheren als dem Zeitpunkt des Inkrafttretens dieses Gesetzes datiert sind, nach dem letzterwähnten Zeitpunkt ausgibt, hat jedes Stück mit einem Vermerke zu versehen, aus welchem ersichtlich ist, dass die Ausgabe nach dem Inkrafttreten dieses Gesetzes erfolgt ist. Die Zuwiderhandlung gegen diese Vorschriften zieht Geldstrafe im Betrage von 50—500 M. nach sich.

§ 5. Die der Reichsstempelsteuer unterworfenen Wertpapiere unterliegen in den einzelnen Bundesstaaten keiner weiteren Stempelabgabe (Taxe, Sportel etc.). Auch ist von der Umschreibung solcher Wertpapiere in den Büchern und Registern der Gesellschaft etc., sowie von den auf die Wertpapiere selbst gesetzten Übertragungsvermerken (Indossamenten, Cessionen u. s. w.) eine Abgabe nicht zu entrichten. Im übrigen, insbesondere hinsichtlich der Urkunden über Eintragungen in dem Hypothekenbuche (Grundbuche) bleiben die landesgesetzlichen Bestimmungen unberührt.

II. Kauf- und sonstige Anschaffungsgeschäfte (Tarifnummer 4).

§ 6. Die unter Tarifnummer 4 angeordnete Abgabe ist von allen im Inlande abgeschlossenen Geschäften der bezeichneten Art zu erheben. Im Auslande abgeschlossene Geschäfte unterliegen der Abgabe, wenn beide Kontrahenten im Inlande wohnhaft sind; ist nur der eine Kontrahent im Inlande wohnhaft, so ist die Abgabe nur im halben Betrage zu entrichten.

§ 7. Bedingte Geschäfte gelten in Betreff der Abgabepflicht als unbedingte. Jede Verabredung, durch welche die Erfüllung des Geschäfts unter veränderten Vertragsbestimmungen oder gegen Entgelt unter denselben Vertragsbestimmungen auf einen späteren Termin verschoben wird, gilt als neues abgabepflichtiges Geschäft. Geschäfte, welche vorbehaltlich der Aufgabe (»an Aufgabe«) abgeschlossen werden, sind abgabepflichtig.

§ 8. Werden zwischen denselben Kontrahenten an einem Tage zu gleichen Vertragsbestimmungen mehrere Geschäfte über Gegenstände derselben Art ohne Vermittler oder durch denselben Vermittler abgeschlossen, so gelten diese Geschäfte in Betreff der Besteuerung als ein Geschäft.

§ 9. Zur Entrichtung der Abgabe ist zunächst verpflichtet: 1. wenn das Geschäft durch einen im Inlande wohnhaften Vermittler abgeschlossen ist, dieser, andernfalls 2., wenn nur einer der Kontrahenten im Inlande wohnhaft ist, dieser, 3., wenn, von den Kontrahenten nur der eine ein im Inlande wohnhafter, nach

Art. 28 des Handelsgesetzbuches zur Führung von Handelsbüchern verpflichteter Kaufmann ist, der letztere, 4. wenn es sich um das Abwickelungsgeschäft zwischen dem Kommissionär und dem Kommittenten handelt, der Kommissionär, 5. in allen übrigen Fällen der Veräusserer. Der Vermittler ist berechtigt, den Ersatz der entrichteten Abgabe von jedem für die Abgabe verhafteten Kontrahenten zu fordern.

§ 10. Der zur Entrichtung der Abgabe zunächst Verpflichtete hat über das abgabepflichtige Geschäft eine Schlussnote auszustellen, welche den Namen und den Wohnort des Vermittlers und der Kontrahenten, den Gegenstand und die Bedingungen des Geschäfts, insbesondere den Preis, sowie die Zeit der Lieferung ergeben muss. Die Unterschrift des Ausstellers ist nicht erforderlich. Die Schlussnote ist doppelt auf einem vorher gestempelten oder mit den erforderlichen Stempelmarken zu versehenden Formular auszustellen, von dem je eine Hälfte für jeden der beiden Kontrahenten bestimmt ist. Spätestens am dritten Tage nach dem Tage des Geschäftsabschlusses hat der Aussteller der Schlussnote die nicht für ihn bestimmte Hälfte der letzteren, wenn derselbe die Schlussnote aber als Vermittler ausgestellt hat, deren beide Hälften abzusenden. Vermittler haben diese Absendung und den verwendeten Stempelbetrag in ihren Geschäftsbüchern zu vermerken. Der zur Entrichtung der Abgabe zunächst Verpflichtete darf unversteuerte Schlussnoten über das abgabepflichtige Geschäft nicht ausstellen und aus der Hand geben.

§ 11. Ist einem für die Entrichtung der Abgaben verhafteten Kontrahenten eine zu niedrig versteuerte Schlussnote zugestellt worden, so hat derselbe binnen 14 Tagen nach dem Tage des Geschäftsabschlusses den fehlenden Stempelbetrag auf der Schlussnote nachträglich zu verwenden. Sind bei einem durch einen Vermittler abgeschlossenen Geschäfte zwei derartige Kontrahenten beteiligt, so hat jeder von ihnen nur die Hälfte des auf der zugestellten Schlussnote fehlenden Betrages nachträglich zu verwenden, im Falle des Nichteingangs der Schlussnote aber zu der von ihm auszustellenden Schlussnote nur die Hälfte des tarifmässigen Stempels zu verwenden.

§ 12. Eine Schlussnote kann mehrere abgabepflichtige Geschäfte umfassen, insofern letztere demselben Steuersatz unterliegen und an demselben Tage und unter denselben Kontrahenten, welche in gleicher Eigenschaft gehandelt haben, abgeschlossen worden sind. Die Abgabe ist in diesem Falle von dem Gesamtwert der Geschäfte zu berechnen. Wird bei Kommissionsgeschäften für einen auswärtigen Kommittenten, welcher seinerseits als Kommissionär eines Dritten handelt, die Schlussnote mit dem Zusatze »in Kommission« ausgestellt, so bleibt das Abwickelungsgeschäft zwischen ihm und seinen Kommittenten von der Abgabe befreit, wenn er die Schlussnote spätestens am ersten Werktage nach dem Empfang unter Beifügung des Namens seines Kommittenten an den letzteren absendet.

§ 13. Die Schlussnoten sind nach der Zeitfolge numeriert 5 Jahre lang aufzubewahren.

§ 14. Ist bei dem Abschlusse eines abgabepflichtigen Geschäftes zwischen zwei Kontrahenten, welche nicht nach Art. 28 des Handelsgesetzbuches zur Führung von Handlungsbüchern verpflichtet sind, eine beiderseits unterschriebene Vertragsurkunde aufgestellt worden, so bleiben die §§ 9—13 ausser Anwendung. Die Kontrahenten sind verpflichtet, die Vertragsurkunde binnen 14 Tagen nach dem Geschäftsabschluss der Steuerbehörde zur Abstempelung vorzulegen. Diese Verpflichtung erstreckt sich bei Geschäften, für welche die Abgabe nur im halben Betrage zu erheben ist, nicht auf den nicht im Inlande wohnhaften Kontrahenten.

§ 15. Bei Geschäften, für welche eine rechtzeitige Berechnung der Steuer nicht möglich ist, bleibt die Besteuerung unter den vom Bundesrat festzusetzenden Massnahmen so lange ausgesetzt, bis die Berechnung möglich wird.

§ 18. Wer den Vorschriften in § 10 Abs. 1 u. 2 und § 14 zuwiderhandelt, hat eine Geldstrafe verwirkt, welche dem 50fachen Betrage der hinterzogenen Abgabe gleichkommt, mindestens aber 20 M. beträgt.

§ 19. Wer, nachdem er auf Grund des § 18 bestraft worden, von neuem den dortselbst bezeichneten Vorschriften zuwider handelt, hat neben der im § 18 vorgesehenen Strafe eine Geldstrafe von 150—5000 M. verwirkt.

§ 20. Wer gegen die Vorschriften im § 10 Abs. 3 und § 13 verstösst, ist mit Geldstrafe von 3- bis 5000 M. zu bestrafen.

Börsensteuertarif.

I. Aktien, Renten- und Schuldverschreibungen. I. Mit 5 vom Tausend (50 Pf. von je 100 M. oder einem Bruchteil dieses Betrages) sind stempelpflichtig: a) Inländische Aktien und Aktienanteilsscheine, sowie Interimsscheine über Einzahlungen auf diese Wertpapiere. b) Ausländische Aktien und Aktienanteilsscheine, wenn sie innerhalb des Bundesgebietes ausgehändigt, veräussert, verpfändet, oder wenn daselbst andere Geschäfte unter Lebenden damit gemacht oder Zahlungen darauf geleistet werden — unter der gleichen Voraussetzung auch Interimsscheine über Einzahlungen auf diese Wertpapiere. Die Abgabe ist von jedem Stück nur einmal zu entrichten. Befreit sind: alle vor dem Inkrafttreten dieses Gesetzes ausgegebenen inländischen Aktien und Aktienanteilsscheine, sowie die inländischen Interimsscheine und nach dem Inkrafttreten dieses Gesetzes ausgegebenen Aktien in Ansehung der von diesem Zeitpunkt geleisteten Einzahlungen, sofern wegen dieser Aktien den vom Bundesrat zu erlassenden Kontrollvorschriften genügt wird. Ausnahme: werden ausländische Wertpapiere der vorbezeichneten Art, welche vor dem Inkrafttreten dieses Gesetzes ausgegeben sind, innerhalb 90 Tagen nach diesem Zeitpunkt zur Stempelung vorgelegt, so beträgt die Stempelabgabe für jedes Stück 50 Pf.

2. Mit 2 vom Tausend (20 Pf. für je 100 M. oder einen Bruchteil) sind stempelpflichtig: a) Inländische für den Handelsverkehr bestimmte Renten- und Schuldverschreibungen, sofern sie nicht unter Nr. 3 fallen, sowie Interimsscheine über Einzahlungen auf diese Wertpapiere. b) Renten- und Schuldverschreibungen ausländischer Staaten, Korporationen, Aktiengesellschaften oder industrieller Unternehmungen und sonstige für den Handelsverkehr bestimmte ausländische Renten- und Schuldverschreibungen, wenn sie innerhalb des Bundesgebietes ausgehändigt, veräussert, verpfändet oder wenn daselbst andere Geschäfte unter Lebenden damit gemacht oder Zahlungen darauf geleistet werden sollen — unter der gleichen Voraussetzung auch Interimsscheine über Einzahlungen auf diese Wertpapiere. Die Abgabe ist von jedem Stück nur einmal zu entrichten. Befreit sind: aa) alle vor dem Inkrafttreten dieses Gesetzes ausgegebenen inländischen Renten- und Schuldverschreibungen der oben bezeichneten Art, sowie die Interimsscheine in Ansehung der vor diesem Zeitpunkt geleisteten Einzahlungen; bb) Renten- und Schuldverschreibungen des Reichs und der Bundesstaaten, sowie Interimsscheine über Einzahlungen auf diese Wertpapiere; cc) inländische Renten- und Schuldverschreibungen, welche nur zum Zwecke des Umtausches ausgestellt werden, sofern den desfalls vom Bundesrate zu erlassenden Kontrollvorschriften genügt wird; dd) die auf Grund des Reichsgesetzes vom 8. Juni 1871 abgestempelten ausländischen Inhaberpapiere mit Prämien. Ausnahme: werden ausländische Wertpapiere der vorbezeichneten Art, welche vor dem Inkrafttreten dieses Gesetzes ausgegeben sind innerhalb 90 Tagen nach diesem Zeitpunkt zur Stempelung vorgelegt, so beträgt die Stempelabgabe für jedes Stück 10 Pf.

3. Mit 1 vom Tausend (10 Pf. von 100 M. oder einem Bruchteil) sind stempelpflichtig: Inländische auf den Inhaber lautende und auf Grund staatlicher Genehmigung ausgegebene Renten- und Schuldverschreibungen der Kommunalverbände und Kommunen, der Korporationen ländlicher oder städtischer Grundbesitzer, der Grundkredit- und Hypothekenbanken oder der Transportgesellschaften, sowie Interimsscheine über Einzahlungen auf die Papiere. Befreit sind: a) alle vor dem Inkrafttreten dieses Gesetzes ausgegebenen Renten- und Schuldverschreibungen der oben bezeichneten Art, sowie die Interimsscheine in Ansehung der vor diesem Zeitpunkte geleisteten Zahlungen; b) Renten- und Schuldverschreibungen der oben bezeichneten Art, welche nur zu dem Zwecke des Umtausches ausgestellt werden; sofern den vom Bundesrat erlassenen Kontrollvorschriften genügt wird.

II. Kauf- und sonstige Anschaffungsgeschäfte. **4.** Mit $^1/_{10}$ vom Tausend in Abstufungen von je vollen 2000 M., bei Geschäften im Werte von 10000 M. in Abstufungen von je vollen 10000 M. A. Kauf- und Anschaffungsgeschäfte über 1. ausländische Banknoten, ausländisches Papiergeld, ausländische Geldsorten; B. Wertpapiere der unter 1, 2 und 3 dieses Tarifs bezeichneten Art.

Mit $^2/_{10}$ vom Tausend. Kauf- und sonstige Anschaffungsgeschäfte, welche unter Zugrundelegung von Usancen einer Börse geschlossen werden (Loko-, Zeit-, Fix-, Termin-, Prämien- etc.-Geschäfte), über Mengen von Waren, die börsenmässig gehandelt werden. Befreiungen: die vorbestimmte Abgabe wird nicht erhoben: 1. falls der Wert des Gegenstandes des Geschäftes nicht mehr als 600 M. beträgt; 2. für sog. Kontantgeschäfte über die unter A. 1. bezeichneten Gegenstände, sowie für ungemünztes Gold oder Silber. Als Kontantgeschäfte gelten solche, welche vertragsmässig durch Lieferung des Gegenstandes seitens des Verpflichteten an dem Tage des Geschäftsabschlusses zu erfüllen sind.

III. Lotterielose. **5.** Mit 5 vom Hundert sind stempelpflichtig: Lose öffentlicher Lotterien, sowie Ausweise über Spieleinlagen bei öffentlich veranstalteten Ausspielungen von Geld oder anderen Gewinnen. Befreit sind: Lose der von den zuständigen Behörden genehmigten Ausspielungen und Lotterien zu mildthätigen Zwecken.

Zinseszinsberechnungstabelle.

In Jahren	Kapital zu 4%		Jahres-Zinsen		Zuwachs des Kapitals		In Jahren	Kapital zu 5%		Jahres-Zinsen		Zuwachs des Kapitals	
	M.	Pf.	M.	Pf.	M.	Pf.		M.	Pf.	M.	Pf.	M.	Pf.
1	100	—	4	—	104	—	1	100	—	5	—	105	—
2	104	—	4	16	108	16	2	105	—	5	25	110	25
3	108	16	4	32,6	112	48,6	3	110	25	5	51,2	115	76,2
4	112	48,6	4	49,9	116	98,5	4	115	76,2	5	78,8	121	55
5	116	98,5	4	67,9	121	66,4	5	121	55	6	07,2	127	62,8
6	121	66,4	4	86,6	126	53	6	127	62,7	6	38,1	134	0,8
7	126	53	5	06,1	131	59,1	7	134	0,8	6	70	140	70,8
8	131	59,1	5	26,3	136	85,4	8	140	70,8	7	03,5	147	74,3
9	136	85,4	5	47,4	142	83,8	9	147	74,3	7	38,7	155	13
10	142	33,8	5	69,7	148	03,5	10	155	13	7	75,7	162	88,7
11	148	03,5	5	92,1	153	95,6	11	162	88,7	8	14,4	171	03,1
12	153	95,6	6	15,8	160	11,4	12	171	03,1	8	55,1	179	58,2
13	160	11,4	6	40,4	166	51,8	13	179	58,2	8	97,9	188	56,1
14	166	51,8	6	66	173	17,8	14	188	56,1	9	42,8	197	98,9
15	173	17,8	6	92,7	180	10,5	15	197	98,9	9	89,9	207	88,8
16	180	10,5	7	20,4	187	30,9	16	207	88,8	10	39,4	218	28,2
17	187	30,9	7	49,2	194	80,1	17	218	28,2	10	91,4	229	19,6
18	194	80,1	7	79,2	202	59,3	18	229	19,6	11	46	240	65,6
19	202	59,3	8	10,3	210	69,6	19	240	65,6	12	03,3	252	68,9
20	210	69,6	8	42,7	219	12,3	20	252	68,9	12	63,4	265	32,1

Zinsenberechnungstabelle.

Kapital	3% auf			3½% auf			4% auf			4½% auf			5% auf			6% auf		
	1 Jahr	1 Monat	15 Tage	1 Jahr	1 Monat	15 Tage	1 Jahr	1 Monat	15 Tage	1 Jahr	1 Monat	15 Tage	1 Jahr	1 Monat	15 Tage	1 Jahr	1 Monat	15 Tage
M.	Pf	Pf	Pf	Pf	Pf	Pf	Pf	Pf	Pf	Pf	Pf	Pf	Pf	Pf	Pf	Pf	Pf	Pf
1	3	0,3	0,1	3,5	0,3	0,1	4	0,3	0,2	4,5	0,4	0,2	5	0,4	0,2	6	0,5	0,3
2	6	0,5	0,3	7	0,6	0,3	8	0,7	0,3	9	0,8	0,4	10	0,8	0,4	12	1	0,5
3	9	0,8	0,4	10,5	0,9	0,4	12	1	0,5	13,5	1,1	0,6	15	1,3	0,6	18	1,5	0,8
4	12	1	0,5	14	1,2	0,6	16	1,3	0,7	18	1,5	0,8	20	1,7	0,8	24	2	1
5	15	1,3	0,6	17,5	1,5	0,7	20	1,7	0,8	22,5	1,9	0,9	25	2,1	1	30	2,5	1,3
6	18	1,5	0,8	21	1,8	0,9	24	2	1	27	2,3	1,1	30	2,5	1,3	36	3	1,5
7	21	1,8	0,9	24,5	2	1	28	2,3	1,2	31,5	2,6	1,3	35	2,9	1,5	42	3,5	1,8
8	24	2	1	28	2,3	1,2	32	2,7	1,3	36	3	1,5	40	3,3	1,7	48	4	2
9	27	2,3	1,1	31,5	2,6	1,3	36	3	1,5	40,5	3,4	1,7	45	3,8	1,9	54	4,5	2,3
10	30	2,5	1,3	35	2,9	1,5	40	3,3	1,7	45	3,8	1,9	50	4,2	2,1	60	5	2,5
20	60	5	2,5	70	5,8	2,9	80	6,7	3,3	90	7,5	3,8	100	8,3	4,2	120	10	5
30	90	7,5	3,8	105	8,8	4,4	120	10	5	135	11,3	5,6	150	12,5	6,3	180	15	7,5
40	120	10	5	140	11,7	5,8	160	13,3	6,7	180	15	7,5	200	16,7	8,3	240	20	10
50	150	12,5	6,3	175	14,6	7,3	200	16,7	8,3	225	18,8	9,4	250	20,8	10,4	300	25	12,5
60	180	15	7,5	210	17,5	8,8	240	20	10	270	22,5	11,3	300	25	12,5	360	30	15
70	210	17,5	8,8	245	20,4	10,2	280	23,3	11,7	315	26,3	13,2	350	29,2	16,6	420	35	17,5
80	240	20	10	280	23,3	11,7	320	26,7	13,3	360	30	15	400	33,3	16,7	480	40	20
90	270	22,5	11,3	315	26,3	13,1	360	30	15	405	33,8	16,9	450	37,5	18,8	540	45	21,5
100	300	25	12,5	350	29,2	14,6	400	33,3	16,7	450	37,5	18,8	500	41,7	20,9	600	50	25
200	600	50	25	700	58,3	29,2	800	66,7	33,3	900	75	37,5	1000	83,3	41,7	1200	100	50
300	900	75	37,5	1050	87,5	43,8	1200	100	50	1350	112,5	56,3	1500	125	62,5	1800	150	75
400	1200	100	50	1400	116,7	58,3	1600	133,3	66,7	1800	150	75	2000	166,8	83,4	2400	200	100
500	1500	125	62,5	1750	145,8	72,9	2000	166,7	83,3	2250	187,5	93,8	2500	208,3	104,2	3000	250	125
600	1800	150	75	2100	175	87,5	2400	200	100	2700	225	112,5	3000	250	125	3600	300	150
700	2100	175	87,5	2450	204,2	102,1	2800	233,3	116,7	3150	262,5	131,3	3500	291,7	145,9	4200	350	175
800	2400	200	100	2800	233,2	116,7	3200	266,7	133,3	3600	300	150	4000	333,3	166,7	4800	400	200
900	2700	225	112,5	3150	262,5	131,3	3600	300	150	4050	337,5	168,8	4500	375	187,5	5400	450	225
1000	3000	250	125	3500	291,7	145,8	4000	333,3	166,7	4500	375	187,5	5000	416,7	208,3	6000	500	250

Diskontotabelle.

Man multipliziere das Kapital mit der Zahl der Tage und teile durch beistehenden Divisor:

%	Divisor	%	Divisor	%	Divisor	%	Divisor
1	36000	3½	10286	6	6000	9	4000
1¼	28800	3¾	9600	6¼	5760	9½	3789
1½	24000	4	9000	6½	5538	10	3600
1¾	20571	4¼	8471	6¾	5333	10½	3429
2	18000	4½	8000	7	5143	11	3273
2¼	16000	4¾	7579	7¼	4966	12	3000
2½	14400	5	7200	7½	4800	13	2769
2¾	13092	5¼	6857	7¾	4645	14	2571
3	12000	5½	6545	8	4500	15	2400
3¼	11077	5¾	6271	8½	4235		

Z. B. Kapital 1200 M. 48 Tage zu 5½ % = 1200 × 48 = 57600. 6545 : 57600 = M. 8. 80 Zinsen.

Amortisationstabelle

für ein Kapital von 100 000 M. bei einem Zinsfusse von 5 %.

Jahr	Jährl. Betrag	Jahr	Jährl. Betrag	Jahr	Jährl. Betrag	Jahr	Jährl. Betrag
50	477,7	37	984,2	25	2095,3	13	5645,3
49	503,9	36	1043,4	24	2247,1	12	6282,5
48	531,8	35	1107,2	23	2413,7	11	7038,9
47	561,4	34	1175,6	22	2597,1	10	7950,4
46	592,8	33	1249,0	21	2799,6	9	9069,0
45	626,1	32	1328,1	20	3024,6	8	10473,4
44	661,6	31	1413,2	19	3274,6	7	12282,0
43	699,3	30	1505,1	18	3554,7	6	14701,6
42	739,4	29	1604,6	17	3869,9	5	18097,6
41	782,2	28	1712,3	16	4227,0	4	23200,7
40	827,8	27	1829,2	15	4634,2	3	31721,9
39	876,4	26	1956,4	14	5102,4	2	48780,5
38	928,4						

Zolltarif für das Deutsche Reich[1])

nach den Abänderungen vom 15. Juli 1879 bezw. 22. Mai 1885.

(Steuersatz in Mark pro 100 Kilogramm.)

Abfälle frei, Baumwolle und Baumwollenwaren: Baumwolle rohe frei, Baumwollwatte 1,50 M., Baumwollgarn: 1. eindrähtiges roh bis zu No. 17 englisch, 12, über 17 bis 45, 18, über 45 bis 60, 24, über 60 bis 79, 30, über 79, 36 M.; 2. zweidrähtiges roh bis zu No. 17 engl., 15, über 17 bis 45, 21, über 45 bis 60, 27, über 60 bis 79, 33, über 79, 39 M.; 3. ein- und zweidrähtiges, gebleicht oder gefärbt bis zu No. 17, 24, bis 45, 30, bis 60, 36, bis 79, 42, über 79, 48 M.; 4. drei- und mehrdrähtiges, einmal und wiederholt gezwirnt, roh gebleicht, gefärbt 48 M.; 5. zweidrähtiges, wiederholt gezwirntes, roh, gebleicht, gefärbt; auch accomodierter, zum Einzelverkauf hergerichteter Baumwollzwirn jeder Art 70 M.; 6. ungewebte Dochte 24 M. Baumwollwaren, rohe dichte Gewebe 80, gebleichte dichte Gewebe 100, andere dichte Gewebe, rohe undichte Gewebe, Strumpfwaren, Posamentier- und Knopfmacherwaren 120, Gardinenstoffe, gebleicht und appretiert 230, alle undichten Gewebe, Jaconet, Musselin, Tüll, Marly, Gaze 200, Spitzen und alle Stickereien 350 M. Blei: rohes frei, gewalztes, Buchdruckerschriften 3 M. Bleiwaren: grobe 6,

[1]) Abänderungen im Zolltarif liegen dem Reichstag zur Beratung vor und werden eventl. erst Ende des Jahres veröffentlicht.

feine 24 M. Bürsten- und Siebmacherwaren: grobe 4 bzw. 8, feine 24 M. Droguerie-, Apotheker- und Farbwaren: Äther aller Art, Maler-, Wasch- und Pastellfarben, Blei- und Farbenstifte, Zeichenkreide 20, Ultramarin 15, Zündhölzer 10, Ölfirnis 6, Alaun, Buchdruckerschwärze, Leim, Tinte 3, Soda kalzinierte 2,50, rohe 1,50 M. Rohe Erzeugnisse und chem. Fabrikate für den Gewerbe- oder Medizinalgebrauch frei. Eisen- und Eisenwaren: Roheisen 1, schmiedbares Eisen 2,50, Platten und Bleche aus schmiedbarem Eisen 3, polierte, verzinnte etc. Eisen, Weissbleche 5, Draht 3, Eisenwaren ganz grobe aus Guss 2,50 bis 3, gewalzte und gezogene Röhren aus schmiedbarem Eisen 5, grobe 6, abgeschliffen oder sonst bearbeitet 10, Handfeilen, Degenklingen, Hobeleisen, Meissel, Scheren, Sägen etc. 15, feine Ornamente etc. aus Guss oder schmiedbarem Eisen 24, Nähnadeln, Schreibfedern aus Stahl, Uhrwerke, Gewehre 60 M. Erden, Erze, edle Metalle, Asbest und Asbestwaren: Erden und rohe minerale Stoffe, Erze, edle Metalle frei, Pappe und Papier aus Asbest ungeformt 10, geformt 24, Garne, Stricke etc. aus Asbest 24, Asbestgewebe 40, Asbestwaren 60 M. Flachs frei. Getreide und andere Erzeugnisse des Landbaues: Spelz, Weizen, Roggen 5, Hafer, Malz 4, Anis, Kümmel 3, Gerste 2,25, Buchweizen, Bohnen, Erbsen, Linsen, Lupinen, Erdnüsse, Mohn, Raps, Senfsaat, Mais 2, Hirse, Cichorien, Rüben 1, Weinbeeren 4 bezw. 10 und 15. Futtergewächse, Blumen, Obst frei. Glas und Glaswaren: gemeines Hohlglas 3, weisses Hohlglas 8, Fenster- und Tafelglas bis 120 cm 6, bis 200 cm 8, über 200 cm 10, Spiegelglas ungeschliffenes 3, geschliffenes 24, Behänge zu Kronleuchtern, Glasknöpfe 24, farbiges, bemaltes, vergoldetes etc. 30 M. Haare, Federn und Borsten: roh frei, Geflechte von Pferdehaaren 48, Menschenhaare 100, Haararbeiten 200, Federspulen, Schmuckfedern 3, Schreibfedern gezogen, Bettfedern gereinigt und zugerichtet 6, zugerichtete Schmuckfedern 900 M. Häute und Felle frei. Holz: Brennholz, Reisig, Korkholz frei, Holzborke und Gerberlohe 0,50, Bau- und Nutzholz roh oder lediglich in der Querrichtung bearbeitet 0,20, in der Richtung der Längenachse beschlagen 0,40, gesägt 1, rohe bloss gehobelte Holzwaren 3, in geschnittenen Fournieren 6, hölzerne Möbel und Möbelbestandteile 10, feine Holzwaren 30, gepolsterte Möbel ohne Überzug 30, mit Überzug 40 M. Hopfen 20 M. Instrumente, Maschinen und Fahrzeuge: musikalische Instrumente 30, astronom., chirurg., phys., etc. frei, Lokomotiven 8, andere Maschinen aus Holz oder Gusseisen 3, aus schmiedbarem Eisen 5, aus anderen Metallen 8, Kratzen und Kratzenbeschläge 36, Eisenbahnfahrzeuge gewöhnliche 6 Prozent vom Wert, mit Leder- oder Polsterarbeit 10 Prozent vom Wert, andere Wagen und Schlitten mit Polsterarbeit 150 M., See- u. Flussschiffe frei. Kalender frei. Kautschuk und Guttapercha: roh frei, Kautschukfäden, Platten etc. 3, grobe Ware aus weichem Kautschuk 40, feine 60, Gewebe aller Art mit Kautschuk überzogen 90 M. Kleider, Leibwäsche, fertige Putzwaren: von Seide 1200, Halbseide 675, andere 300, von Geweben 130, leinene und baumwollene Leibwäsche 150, Cylinder 300, Filzhüte 180, Damenhüte per Stück 1, gewöhnliche Hüte 0,20, künstliche Blumen oder Teile 900 M. Kupfer: roh frei, Stangen, Bleche, Draht 12, plattiert 28, grobe Kupferwaren 18, andere 30, Aluminium, Nickel und Luxusgegenstände von Kupfer und Messing etc. 60 M. Kurze Waren: Waren mit edeln Metallen, Perlen, Korallen, Edelsteinen, echtes Blattgold und Blattsilber 600, Waren mit Bernstein, Celluloid, Elfenbein, Meerschaum etc., feine Galanteriewaren, Stutz- und Wanduhren, Fächer, feine Wachswaren 200, unechtes Blattgold und Silber, Brillen, Operngucker, Schirme, Waren aus Gespinst von Baumwolle, Leinen, Seide, Wolle 120, Taschenuhren in goldenem Gehäuse per Stück 3, in silbernem Gehäuse per Stück 1,50, andere 0,50 M. Leder und Lederwaren: Leder 18, Sohlleder, Handschuhleder, Marokin, Saffian und lackiertes Leder 36, grobe Lederwaren 50, feine 70, Handschuhe 100 M. Leinengarn, Leinwand und andere Leinenwaren: Garn bis No. 8 engl., 5, bis 20, 6, bis 35, 9, über 35, 12, Garn gefärbt, bedruckt, gebleicht bis No. 20 engl. 12, bis 35, 15, über 35, 20, accomodiertes Nähgarn 36, acc. Nähzwirn 70, Seile, Taue, Stricke 10, andere Seilerwaren 24, Leinwand, Zwillich, Drillich ungefärbt, ungebleicht, unbedruckt bis 40 Faden in der Kette und dem Schluss zusammen auf 4 qcm 12, mit 41 bis 80 Faden in der Kette 24, mit 81 bis 120 Faden 36, mit mehr 60, Leinwand etc. gefärbt bis 120 Faden 60, mit mehr als 120 Faden 120, Damast aller Art 150, Bänder, Borten, gewebte Kanten, Strumpfwaren 100, Stickereien 150, Zwirnspitzen 800 M. Lichte 18 M. Literar.- und Kunstgegenstände frei. Material- und Spezereiwaren, Konsumtibilien: Bier aller Art 4, Arak, Kognak, Rum in Fässern 125, Spiritus roh u. raff. 180, Hefe 65, Essig in Fässern 8, in Flaschen 48, Wein und Most in Fässern 24, in Flaschen 48, Schaumweine 80, Butter 20, Fleisch 20, Fische frisch frei, gesalzene mit Ausnahme von Heringen 3, mit Essig, Öl und Gewürzen 12, zubereitete andere Fische in hermet. verschlossenen Gefässen 60, Geflügel, Wild nicht lebend 30, Apfelsinen, Citronen, Pomeranzen, Granaten etc. 12, Feigen, Rosinen, Korinthen 24, getrocknete Datteln, Pomeranzen 30, Gewürze 50, Heringe gesalzen Fass 3, Kaffee roh 40, gebrannt 50, Kakao roh 35 gebrannt 45, Kakaoschalen 12, Kaviar 150, Käse 20, Konfituren, Zuckerwerk, Kuchenwerk, Eingemachtes etc. 60, Obst, Sämereien 4, Kakaomasse gemahlen, Kakao-Schokolade 80, Kraftmehl, Puder, Stärke etc. 12,50, Nudeln, Maccaroni 13,50, Mühlenfabrikate aus Getreide und Hülsenfrüchten 10,50, Muscheln oder Schaltiere 24, Austern, Hummern, Schildkröten 50, Reis 4, Salz 12,80, Tabakblätter unbearbeitet, Stengel und Saucen 85, Zigarren und Zigaretten 270, anderer Tabak 180, Zucker raff. 30, Rohzucker 30, Sirup 15, Thee 100 M. Öl aller Art in Flaschen und Krügen 20, Speiseöl in Fässern 10, Leinöl und Ölsäure in Fässern 4, Oliven- und Ricinusöl in Fässern 2, Palmen- und Kokosnussöl 2, anderes Öl in Fässern 9, Schmalz von Schweinen und Gänsen, Rindsmark 10, Stearinsäure, Palmitinsäure, Paraffin, Walrat etc. 10, Fischspeck, Thran 3, Talg von Rindern, Schafen, Knochenfett und sonstiges Tierfett 2, Bienenwachs, Pflanzen- und Erdwachs 15 M. Papier und Pappwaren: ungebleichter Halbstoff aus Holz, Stroh, Esparto oder anderen Fasern, graues Lösch- und gelbes rauhes Strohpapier, Pappe mit Ausnahme der Glanz- und Lederpappe, Schleif- und Polierpapier 1, Packpapier ungeglättet 4, geglättetes, Glanz- und Lederpappe 6, Albumin-, Gold-, Silber-, Druck-, Schreib-, Lösch- und Seidenpapier aller Art 10, Formerarbeit aus Steinpappe, Asphalt etc. 4, Waren aus Papier, Pappe oder Pappmasse 12, solche in Verbindung mit anderen Materialien 24 M. Pelzwerk: Überzogene Pelze, Mützen, Handschuhe 150, fertige nicht überzogene Schafpelze, weissgemachte und gefärbte Angora oder Schaffelle 6 M. Petroleum und andere Erdöle 6, mineral. Schmieröle 10 M. Seide und Seidenwaren: Kokon-Seide abgehaspelt, Floretseide gekämmt, gesponnen oder gezwirnt frei, Seidenwatte 24, Seide gefärbt 36, Zwirn aus Rohseide 200, Waren aus Seide oder Floretseide 800, Tülle roh und gefärbt 250, Spitzen, Blonden und Stickereien 600, Gaze, Crêpe, Flor 1000, andere Seidenwaren in Verbindung mit Baumwolle, Leinen, Wolle etc. 450 M. Seife und Parfümerien: Schmierseife 5, feste Seife 10, Seife in Tafeln, Kugeln etc., parfüm. Seife 30, wohlriech. Fette und Öle 20, alle übrigen Parfümerien 100 M. Spielkarten neben innerer Abgabe 60 M. Steine und Steinwaren: Steine roh oder behauen frei, Mühlsteine 0,25, roher Tafelschiefer 0,50, Blöcke, grobe Steinmetzarbeiten 1, Dachschiefer und Schieferplatten 1,50, geschnittene oder gespaltene Platten aus Steinen ungeschliffen 3, Edelsteine, auch nachgeahmte Korallen und Perlen 60, Waren aus Alabaster, Marmor, Granit, Porphyr etc. 15, aus anderen Steinen 6, in Verbindung mit anderen Materialien 24 M. Steinkohlen, Braunkohlen, Coaks, Torf, Torfkohlen frei. Stroh-

und Bastwaren: Matten, Fussdecken, Stroh, Schilf, Gras, Wurzeln, Binsen 3, ordinäre Ware daraus 10, Strohbänder 18, feine Ware 24, Hüte ohne Garnitur 0,20, mit 0,40, Sparterie aller Art 90 M. Teer: Pech, Harze frei. Tiere: lebende Tiere und tierische Produkte, Bienenstöcke etc. frei, Eier und Geflügel 3 M. Thonwaren: Gewöhnliche Mauer-, Pflaster-, Dachsteine, Röhren und Töpfergeschirr unglasiert frei, feuerfeste Steine 0,50, glasierte Röhren, Geschirr, Falz- und glasierte Dachziegel, archit. Verzierungen, Ofenkacheln 1, Schmelztiegel, Muffen, Retorten, feuerfeste Röhren und Platten 2, andere Thonwaren einfarbig oder weiss, feine Terrakottawaren 10, zwei und mehrfarbig gerändert, bedruckt, bemalt etc., Thonwaren in Verbindung mit anderen Materialien 16, Porzellan weiss 14, farbig gerändert, bedruckt, bemalt etc. 30 M. Vieh: Pferde 1 Stück 20, Maulesel 10, Stiere und Kühe 9, Ochsen 30, Jungvieh bis 2½ Jahr 6, Kälber unter 6 Wochen 3, Schweine 6, Spanferkel 1, Schafvieh 1, Lämmer 0,50, Ziegen frei. Wachstuch: grobes Packtuch 12, Buchbinderleinen, Ledertuch 30, Wachsmusselin, Wachstaft 50 M. Wolle: rohe, gefärbte frei, gekämmte 2, Garn aus Rindviehhaaren ein- und zweifach, aller Art Watten 3, hartes Kammgarn über 20 cm Länge, einfach, ungefärbt oder gefärbt, dubliert ungefärbt 3, dubliert gefärbt oder drei- und mehrfach gezwirnt 24, anderes Garn roh einfach 8, roh dubliert 10, gebleicht oder gefärbt 12, dubliert drei- oder mehrfach gezwirnt, gebleicht oder gefärbt 24, Tuchleisten frei, grobe unbedruckte, ungefärbte Filze 3, Fussdecken aus Rindviehhaaren 24, unbedruckte Filze, Filz- und Strumpfwaren, Fussdecken 100, unbedruckte Tuch- und Zeugwaren im Gewicht von mehr als 200 g auf den Quadratmeter Gewebefläche 135, bis 200 g 220, bedruckte Waren (nicht Fussdecken) im Gewicht von mehr als 200 g per qm, Posamentier- und Knopfmacherwaren, Plüsche, Gespinste in Verbindung mit Metallfäden 150, bedruckte Waren bis 200 g per qm 220, Spitzen, Tülle, Stickereien, Shawltücher mit drei oder vier Farben 300, gewebte Shawltücher mit fünf und mehr Farben 450 M. Zink auch mit Blei oder Zinn legiert, Zink roh frei, gewalzt 3, grobe Zinkwaren 6, feine Zinkwaren 24 M. Zinn auch mit Blei, Spiessglanz oder Zink legiert roh frei, gewalzt 3, grobe Zinnwaren 6, feine 24.

Eisenbahnsignale.

Signale des Zugpersonals: Achtung geben ein mässig langer Pfiff mit der Dampfpfeife. Bremsen anziehen mässig: ein kurzer Pfiff, stark: drei kurze Dampfpfiffe schnell hintereinander. Bremsen loslassen zwei mässig lange Pfiffe mit der Dampfpfeife schnell hintereinander. Das Zugpersonal soll seine Plätze einnehmen ein mässig langer Pfiff mit der Mundpfeife. Abfahrt zwei mässig lange Pfiffe. — **Signale am Zuge**: Zwei weiss leuchtende Laternen vorn an der Lokomotive bedeuten der Zug fährt auf dem für ihn bestimmten Geleise. Zwei rot leuchtende Laternen vorn an der Lokomotive der Zug fährt ausnahmsweise auf einer zweigeleisigen Bahnstrecke, nicht auf dem für ihn bestimmten Geleise. Schlusszeichen des Zuges: an der Hinterwand des letzten Wagens eine rot und weisse runde Scheibe, bei Nacht am letzten Wagen zwei nach vorn grün und nach hinten rot leuchtende Laternen (Oberwagenlaternen). Es folgt ein Extrazug nach: ausser dem Schlusssignal eine grüne Scheibe oben auf dem letzten Wagen oder zu jeder Seite desselben, bei Nacht hinten grünes Licht. Es kommt ein Extrazug in entgegengesetzter Richtung: eine grüne runde Scheibe vorn an der Lokomotive, bei Nacht eine grün leuchtende Laterne vorn an der Lokomotive über den weiss leuchtenden. Die Telegraphenleitung ist zu revidieren: eine weisse runde Scheibe vorn an der Lokomotive oder an jeder Seite des Zuges. Der Bahnwärter soll sofort seine Strecke revidieren: ein Schaffner schwingt seine Mütze oder einen andern Gegenstand dem Wärter zugewendet; bei Nacht: ein Schaffner schwingt seine Laterne dem Wärter zugewendet. **Signale auf der freien Bahnstrecke.** Die akustischen Signale sind für das Bahnbewachungs-Personal mittels elektrischer Läutewerke zu geben wie folgt: 1. Der Zug geht in der Richtung von A. nach B.: eine bestimmte Anzahl von Glockenschlägen. 2. Der Zug geht in der Richtung von B. nach A.: zweimal dieselbe Anzahl von Glockenschlägen. 3. Die Bahn wird bis zum nächsten fahrplanmässigen Zuge nicht mehr befahren (Ruhesignal): dreimal dieselbe Anzahl von Glockenschlägen. 4. Es ist etwas Aussergewöhnliches zu erwarten (Alarmsignal): sechsmal dieselbe Anzahl von Glockenschlägen. Die optischen Signale sind wie folgt zu geben: Der Zug darf ungehindert passieren (Fahrsignal): der Bahnwärter macht Front gegen den Zug; bei Nacht macht der Bahnwärter Front gegen den Zug und hält die Handlaterne mit weissem Licht dem Zuge entgegen. Der Zug soll langsam fahren: der Bahnwärter hält irgend einen Gegenstand in der Richtung gegen das Geleise. Am Anfang und Ende einer langsam zu fahrenden Strecke sind Scheiben aufgestellt. Dem kommenden Zuge entgegen muss die erste Scheibe mit A und die letzte mit E bezeichnet sein. Bei Nacht: der Bahnwärter hält die Handlaterne mit grünem Licht dem Zuge entgegen. Am Anfang solcher Strecken ist eine Laterne mit grünem, am Ende eine solche mit weissem Licht aufgestellt. Der Zug soll halten: der Bahnwärter schwingt einen Gegenstand im Kreise herum; bei Nacht seine Laterne, welche rot zu blenden ist. **Signale am Telegraphenmaste.** Der Zug darf ungehindert passieren: Rechtsseitiger Telegraphenarm schräg nach oben gerichtet, bei Nacht weisses Licht der Signallaterne in Mitte des Mastes. Am Blockstationstelegraphen linksseitiger Telegraphenarm steht im rechten Winkel, der rechtsseitige schräg nach oben, bei Nacht weisse Signallaternen. Der Zug soll langsam fahren: ausser dem vorstehenden Zeichen ein Stab mit runder Scheibe am Telegraphenmaste befestigt; bei Nacht grüne Signallaterne. Der Zug soll halten: rechtsseitiger Telegraphenarm wagrecht gestellt; nachts Signallaternen rot. Am Blockstationstelegraphen beide Telegraphenarme wagrecht; bei Nacht rote Signallaternen, auch Ruhestellung. **Signale auf und vor den Bahnhöfen.** Erlaubnis zum Einsteigen: kurzes Läuten und ein deutlich markierter Schlag. Einsteigen: zwei markierte Glockenschläge. Abfahrt: drei markierte Glockenschläge. Optische Signale am Bahnhofs-Abschlusstelegraphen: Einfahrt gesperrt: Telegraphenarm rechts wagrecht gestellt, bei Nacht: Signallaterne nach aussen rotes, nach dem Bahnhof grünes Licht. Einfahrt frei: Telegraphenarm schräg rechts nach oben; bei Nacht: Signallaterne nach aussen grünes, nach dem Bahnhof weisses Licht. **Rangiersignale.** Akustische, mit Mundpfeife oder Horn: Vorziehen: ein langer Pfiff oder Ton. Zurückdrücken: zwei mässig lange Pfiffe oder Töne. Halt: drei kurze Pfiffe oder Töne schnell hintereinander. Optische Signale: Vorziehen: Senkrechte Bewegung des Armes von oben nach unten. Zurückdrücken: wagrechte Bewegung des Armes hin und her. Halt: kreisförmige Bewegung des Armes. Nachts werden diese Bewegungen mit der Laterne gemacht.

Kürzeste Eisenbahn-Fahrzeiten zwischen europäischen Hauptplätzen.

Die Fahrzeit ist in Stunden zwischen:

Berlin—Amsterdam 12 (üb. Hannover—Rheine—Hilversum), —Athen 89 (üb. München—Brindisi), —Baden-Baden 15 (üb. Nordhausen), —Basel 18 (üb. Nordhausen—Frankfurt a. M.), —Bordeaux 29 (üb Paris), —Bremen 6 (üb. Stendal), —Breslau 6 (üb. Sagau), —Brindisi 48 (üb. München), —Brüssel 17 (üb. Köln—Aachen) —Budapest 21 (üb. Dresden—Wien), —Bukarest 43 (üb. Breslau-Orsova), 46 (üb. Predeal) (Zonenlinie), —Christiania 36 (üb. Kiel—Kopenhagen), —Köln 10 (üb. Stendal—Oberhausen), —Konstantinopel 64 (üb. Breslau—Ruttka), —Danzig 8 (üb. Dirschau), —Dresden 3, Düsseldorf 9 (üb. Oberhausen), —Florenz 31 (üb. München—Brenner), —Frankfurt 9 (üb. Nordhausen), —Genf 28 (üb. Frankfurt —Basel), —Genua 35, —Hamburg 4, —Hannover 4, —Karlsruhe 15 (üb. Frankfurt), —Kopenhagen 11, (üb. Warnemünde) 15, (üb. Kiel—Korsör) 22, '(üb. Hamburg—Vamdrup), —Leipzig 4 (üb. Bitterfeld), —Lissabon 77 (üb. Paris—Madrid), —Liverpool 31, (üb. Vlissingen) 29, (üb. Ostende), —London 24 (üb. Vlissingen), —Luzern 21, —Lyon 33 (üb. Frankfurt—Basel), —Madrid 58 (üb. Paris—Cöln), —Mailand 30 (üb. Chiasso), —Mainz 11 (üb. Nordhausen—Frankfurt), —Marseille 41 (üb. Köln—Paris), — Metz 17 (üb. Eisenach—Mainz), —Moskau 58 (üb. Eydtkuhnen), —München 12 (üb. Hof—Regensburg), —Neapel 44 (üb. München—Brenner), —Nürnberg 12 (üb. Probstzella), —Odessa 44 (üb. Warschau—Brest), —Ostende 16 (üb. Köln—Aachen), —Paris 21 (üb. Köln), —Prag 7 (üb. Bodenbach), —Rom 38 (üb. München—Brenner), —Rotterdam 13 (üb. Hannover—Rheine), —St. Petersburg 39 (üb. Eydtkuhnen), —Stockholm 37 (üb. Hagenow—Kiel—Korsör), Southampten 28—29 (üb. Vlissingen—Ostende), —Strassburg 16 (üb. Frankfurt), —Stuttgart 15 (üb. Frankfurt), —Triest 34 (üb. Breslau—Wien), —Venedig 30 (üb. München—Brenner), Warschau 15 (üb. Frankfurt a. O. —Alexandrowo), —Wien 14 (üb. Dresden—Bodenbach), Zürich 22 (üb. Basel).

Breslau—Königsberg 14, —Krakau 10 (üb. Oderberg), —Leipzig $8^1/_2$ —Lemberg 19 (üb. Oderberg—Krakau), —Frankfurt 18, —München 16 (üb. Dresden—Nürnberg), —Odessa 48, —Paris 36, —Wien 10.

Dresden—Berlin 4, —Hamburg 10, —Wien 12, —München 12 (üb. Regensburg).

Frankfurt a. M.—Basel 8, —Berlin 9, —Breslau 18, —Hamburg 11, —Metz 7, —Paris 14.

Hamburg—Berlin 5, —Frankfurt a. M. 10 (üb. Kassel), —Leipzig 9 (üb. Magdeburg), —Wien 31 (üb. Magdeburg—Dresden).

Köln—Hamburg 7 (üb. Bremen), —München 14, —Paris 10, —Wien 21 (üb. Frankfurt—Nürnberg), —London 11 (üb. Ostende).

Leipzig—Berlin 3, —Breslau 9 —Frankfurt 9, —Hamburg 9 (üb. Magdeburg), —München 10, —Paris 24, —Rom 35 (üb. München—Brenner).

München—Berlin 13 (üb. Regensburg), —Breslau 21, —Köln 14, —Hamburg 20, —Leipzig 10, —Metz 17, —Paris 16 (Orientexpresszug).

Paris—Calais 5, —London 9, —Madrid 34, —Marseille 15, —Wien 26 (Orientexpresszug), 34 (Schnellzug).

Strassburg—Stuttgart 5, —München 10, —Berlin 17, —Paris 9, —Wien 22.

Stuttgart—Berlin 15 (üb. Würzburg), —München 6, —Wien 17.

Wien—Berlin 14, —Köln 21, —Dresden 12, —München 10, —Paris 26 (Orientexpresszug), —Rotterdam 26 (üb. Nürnberg—Köln).

Regelmässige Dampfschiffahrten von einigen wichtigen Häfen.

Antwerpen—Harwich tägl. 6 Uhr früh m. Ausn. Sg., 12 St.; zurück: tägl. 9,50 Abds. m. Ausn. Sg., Preis I. 26, II. 15 sh.; —New-York j. Sb., 12 T., I. 240—400, II. 152, Zwd. 90 M., zurück: j. Mi. (Red-Star-Line).

Bremerhaven—London j. Do. u. Sg. Vorm., 36 St., I. 30, II. 15 M.; zurück: Mi. u. Sb. Vorm., I. 50. II. 25 M.; —New-York j. Di., Mi. u. Sb. Vorm., 8—9 T., I. 300—500, II. 200, Zwd. 120 M.; zurück: j. Di., Mi. u. Sb.; —Brasilien alle 14 Tage, 33 T., 500 u. 125 M.

Genua—Tunis j. Do. 9 Uhr Abds., 4 T. (ab Neapel tägl.), —Alexandrien j. Sb. 9 Uhr Abds., 10 T., I. 303, II. 235 Lire Gold.

Hamburg—New-York (Hamb.-Amerik. Paket-Akt.-Ges.) ab Cuxhaven j. Fr., ab Southampton j. Sb. Mittags, 8 T.; zurück: j. Do. ab Hamburg, j. Sg. üb. Havre, j. Mi. direkt 12 T., I. 300, II. 200—250, Zwd. 130 M. (Schnelldampfer), Caj. 200, 250, 300, Zwd. 110, 120 M. (gew. Sch.), —London Mo., Mi., Fr. u. Sb., 41 St., I. 41, II. 20,50 M., zurück: Mi. u. Sb., —Christiania j. Sg. 3 T., —Asien alle 14 T., Fahrzeit: Port Said 17, Penang 39, Honkong 51, Yokohama 62 T., —Australien alle 3 Wo. üb. Antwerpen nach Adelaide—Melbourne u. Sidney; —Afrika (Wörmann-Linie) Kamerun 28, Madeira 9, St. Paul de Loanda 32 T.; —Ostafrika alle 4 Wo., Zanzibar 38, Delagoa Bay 49 T., —Mexiko einmal monatl., Veracruz 26, New-Orleans 38 T.; —Valparaiso-Callao alle 14 T., Montevideo 31, Valparaiso 49, Callao 59 T., —Brasilien j. Mi., Rio de Janeiro 24, Buenos-Ayres 28 T. (zweimal monatl. üb. Madeira).

Havre—London (u. Southampton) Mo., Mi., Fr. 9 Uhr Abds., 13 St., (8 St. Seefahrt), I. 34, II. 28 sh.; zurück: Mo., Mi., Fr., 12 Uhr Abds. ab Southampton, —New-York (Hamb. Linie), j. Di., 10 T., (Transatlantique) j. Sb., I. 400—800, II. 300, III. 125 Frcs.; —Westindien-Mexiko (Hamb.-Linie) j. 5. im Mon., Veracruz 28, St. Thomas 16, Colon 30 T., (Transatlantique) j. 22. im Mon., Trinidad 21, Colon 27, Haiti 22 T.

Marseille—Algier (Compagnie-Paquet) j. 7. u. 22., Ceuta 4, Gibraltar 4, Santa Cruz 14, Las Palmas 15 T., —Asien üb. Alexandrien (Messageries Maritimos) j. 2. Sg. 4 Uhr Nachm., Alexandrien 5, Suez 7, Colombo 19, Calcutta 27, Batavia 28, Singapore 25, Hongkong 32, Yokohama 41 T.; —Bombay j. 12. im Mon. 22 T.; —Australien (Messageries maritimes) monatl. einmal, Adelaide 32, Melbourne 34, Sidney 37 T.; —Süd-Amerika Rio de Janeiro 19 T.; —Tunis 2 T.; —Tripolis 5 T., (alle 2 T.).

Rotterdam—Harwich tägl. m. Ausn. Sg., 11—12 St., I. 7,80, II. 6 fl.; —London Di. u. Sb., 18—20 St., I. 10,20, II. 6,60 fl.; —New-York wöch. einmal ab Rotterdam oder Amsterdam 12—13 T.

Triest—Ägypten (Österr. Lloyd) j. Fr. 12 Uhr Mitt., 5 T., I. 120, II. 80 Goldfl.; —Asien am 3. j. Mon., Bombay 16, Hongkong (ab Bombay) 43, Calcutta (üb. Colombo) 57 T.; —Athen j. Sb. u. Di., 4 T., I. 98, II. 67 Goldfl. bis Piräus; —Konstantinopel j. Di. u. Sb. 6½ T., I. 135, II. 92 Goldfl.; —Saloniki 10 T., I. 141, II. 96 Goldfl.; —Vlissingen—Queensborough tägl. 12^{10} Mitt., 10^{10} Abds., 8 St. bis London; I. 17, II. 10,55 fl.

Betreffs jederlei genauer Auskünfte über Schiff- und Eisenbahnfahrten wird auf das Internationale Reisebureau von Schenker & Cie. in München, Neuhauserstrasse, welches auch Rundreisehefte, sowie Einzelfahrkarten ausstellt, besonders hingewiesen.

Weltpostverein,

umfasst **sämtliche europäische Staaten** und in

Asien. 1. Aden, 2. Afghanistan (Kabul), 3. Asiatisches Russland, 4. Asiatische Türkei, 5. Balutschistan (Guadur), 6. Birma (Mandalay), 7. Britisch Indien (Hindostan und Brit. Birma), 8. Ceylon, 9. China, 10. Cypern, 11. Hongkong, 12. Japan, 13. Kaschmir, 14. Korea, 15. Labuan, 16. Mascat, 17. Persien, 18. Siam, 19. Straits Settlements (Malacca, Penang, Singapore), 20. Tibet (Klein Ladakh).

Französische Kolonien: In Indien: Chandernagor, Karikal, Mahé Pondicherry und Yanaon; in Cochinchina: Annam nebst Kambodscha und Tonkin.

Niederländische Kolonien: Java, Celebes, Borneo, Sumatra, Madura, Billiton, Banca-Archipel, Riouw-Archipel, Bali, Lombock, Sumbava, Flores, Molukken und der südwestl. Teil von Timor.

Portugiesische Kolonien: Daman, Diu, Goa, Macao, der nordöstl. Teil von Timor.

Spanische Kolonien: Philippinen, Sulu-Archipel.

Afrika. 1. Ägypten mit Nubien und dem Sudan, 2. Algerien, 3. Deutsch-Südwest-Afrika (Gross-Namaqualand, Damaraland und der südliche Teil des Ovambolandes), 3. Kamerun, 4. Kongostaat, 5. Liberia, 6. Madagascar, 7. Marocco, 8. Togo-Gebiet, 9. Tripolis, 10. Tunis, 11. Zanzibar.

Britische Kolonien: Mauritius nebst Amiranten, Seychellen und Insel Rodriguez, Goldküste, Gambien, Lagos, Sierra Leona.

Französische Kolonien: an der Westküste: Senegal nebst Zubehör, Dabou, Gross-Bassam und Assinie an der Goldküste; Abananquem, Argoué, Grand-Popo, Cotonou, Porto Novo an der Sklavenküste; Gabun und das französische Kongogebiet; an der Ostküste: Mayotte nebst Zubehör; Réunion, St. Marie de Madagascar, Obock.

Italienische Besitzung: Assab, Massaua.

Portugiesische Kolonien: Adjuda, Angola, Azoren, Bissao, Cacheo, Capverdische Inseln, Madeira, Mozambique, Insel Principe, Insel St. Thomé.

Spanische Kolonien: Besitzungen an der Nordküste Afrikas, Anobom, Canarische Inseln, Corsica, Fernando Po.

Amerika. Alle Staaten, Inseln, Kolonien etc.

Australien. Deutsches Schutzgebiet der Marschall-Inseln, Deutsches Neu-Guinea-Schutzgebiet einschl. Bismarck-Archipel.

Französische Kolonien: Neu-Kaledonien nebst Zubehör, Marquesas-Inseln, Tahiti und die unter franz. Schutz stehenden Inselgruppen.

Niederländische Kolonie: Nordwestl. Teil von Neu-Guinea (Papua).

Spanische Kolonien: Marianen-Archipel, Carolinen, Palau-Inseln.

Hawaii: Sandwich-Inseln, Samoa-Inseln (Apia).

Portotarif
für Briefe, Postkarten. Drucksachen und Warenproben.

Allgemeine Bestimmungen. Postkarten, Drucksachen und Geschäftspapiere, Warenproben und Postanweisungen müssen bei der Aufgabe frankiert werden. Rückscheine sind nur bei Einschreibesendungen nach den am Weltpostverein beteiligten Staaten zulässig, Rückschein 20 Pf. Die Einschreibgebühr beträgt 20 Pf. Eilbestellgebühr nach Deutschland¹) und Österreich-Ungarn beträgt bei Sendungen nach Postorten 25 Pf., nach deutschen²) Orten ohne Postanstalt 60 Pf. bei Vorausbezahlung.

	Briefe im Gewicht	frankiert	unfrank.	Postkarten	Drucksachen im Gewicht		Warenproben im Gewicht	
		₰	₰	₰		₰		₰
Reichspostgebiet, Bayern, Württemberg und Österr.-Ungarn.	bis 15 g	10	20	5	bis 50 g	3	bis 250 g Geschäftspapiere nicht zulässig	10
	über 15 g bis zum Meistgewicht v. 250 g	20	30	mit Antwort 10	51—100	5		
					101—250	10		
					251—500	20		
					501—1000	30		
Ortsbriefe und ╳ Bänder exkl. Berl.	bis 250 g	5	10					

¹) Die Eilbestellgebühr für Postanweisungen und Pakete beträgt in Bayern 50 Pf.

²) Bei Eilsendungen nach Orten ohne Postanstalt in Österreich-Ungarn wird die Gebühr stets vom Empfänger erhoben.

	Briefe im Gewicht	frankiert	unfrank.	Postkarten	Drucksachen im Gewicht		Warenproben im Gewicht	
		₰	₰			₰		₰
Ortstarif f. Bayern	bis 15 g bis 250 g	3 5	10 20	3 m. A. 6	bis 50 g 51—250 251—500 501—1000	3 5 10 20	bis 50 g » 250 g	3 5
Ortstarif f. Württemberg zwischen Orten bis 10 km Entf.	bis 250 g	5	10	5 m. A. 10	bis 50 g 51—250 251—1000	3 5 10	bis 250 g	5
Im Verkehr mit den Ländern des **Weltpostvereins**.	bis 15 g für je weitere 15 g ohne Gewichtsgrenzen	20 20	40 40	10 mit Antw. 20	bis 50 g für je weitere 50 g Meistgew. 2 kg Gesch.-Pap. bis 200 g je weitere 50 g Meistgew. 2 kg	5 5 20 5	bis 100 g für je weitere 50 g Meistgew. 250 g	10 5
Nicht zum Weltpostverein gehörig I. Afrika: Ascencion m. St. Helena, Kapland, Betschuanaland u. Natal, Oranje-Freistaat, Südafrik. Republik (Transvaal). II. Australien:[1] West- und Süd-	für je 15 g Einschreibsendungen ausser d. Porto 20 Pf. Einschreibgebühr	40	80	Nicht zulässig	für je 50 g Meistgew. 2 kg	10	für je 50 g mindestens jedoch Meistgew. 250 g	10 20

australien, Victoria, Neu-Süd-Wales, Queensland, Tasmania (Vandiemensland) und Neu-Seeland; die sonstigen britischen Kolonien und unabhängigen Inselgruppen ausser Hawaii und das Schutzgebiet der deutschen Neu-Guinea-Kompagnie, z. B. die Fidjii-, Norfolk-, Samoa-, Tonga-Inseln etc.

Briefe mit Wertangabe.

Die Briefe im inneren deutschen Verkehr, nach Österreich-Ungarn, Dänemark, Griechenland, Tunis und Türkei dürfen ausser Wertpapieren auch Geldstücke, diejenigen nach allen anderen nachstehend bezeichneten Ländern jedoch nur Wertpapiere enthalten.

In Österreich-Ungarn und Russland ist die Einführung von ausländischen Lotterielosen verboten. Die Adresse ist — wenn nicht in der Sprache des Bestimmungslandes abgefasst — möglichst in lateinischen Buchstaben und stets mit Tinte zu schreiben.

Der Wertbetrag muss auf den Briefen in deutscher Währung angegeben sein.

Der Verschluss muss durch eine genügende Anzahl von Siegeln in feinem Lack so angebracht sein, dass sämtliche Klappen des Umschlages von denselben erfasst werden.

---

[1]) Briefe, welche den Vermerk »Schiffsbrief über Bremen« tragen und nach Adelaide, Melbourne oder Sidney gerichtet sind, werden für 20 Pf. befördert.

Zwischen den einzelnen zur Frankierung benutzten Freimarken muss ein Zwischenraum gelassen werden; die Freimarken dürfen die Seitenränder des Umschlags nicht bedecken.

Rückscheine sind gegen vorherige Entrichtung von 20 Pf. zulässig, und müssen die Briefe in diesem Falle den Vermerk »gegen Rückschein« oder »avis de reception« tragen.

Tarif für Briefe mit Wertangabe.[1]

Nach und von	Meistbetrag der Wertangabe	Porto für je 15 g	Versicherungsgebühr
Deutsches Reichspostgebiet, Bayern Württemberg[2] und Österreich-Ungarn	unbeschr.	bis 250 g 1. Zone (10 Meil.) 20 Pf. unfr. 30 Pf. über 10 Meilen 40 Pf. unfr. 50 Pf.	für je 300 M. 5 Pf. mindestens 10 Pf.
Argentinien . . .	8000 M.	20 Pf. f. je 15 g ausserd. 20 Pf. Einschreibegeb.	16 Pf. f. je 160 M.
Belgien	8000 »	do.	8 » » » » »
Bulgarien	8000 »	do.	20 » » » » »
China: a) Shanghai	8000 »	do.	28 » » » » »
b) Kalgan, Peking, Tientsin, Urga . .	unbeschr.	do.	8 » » » » »
Dänemark nebst Island u. d. Farör-Inseln	unbeschr.	do.	8 » » » » »
Dänische Kolonien a) in Westindien	unbeschr.	do.	16 » » » » »
b) » Grönland .	do.	do.	28 » » » » »
Egypten	unbeschr. f. d. Weg über Triest-Alexandrien. 8000 M. f. d. Weg über Neapel	do.	28 » » » » »
Frankr. m. Algerien	8000 M.	do.	8 » » » » »
Franz. Kolonien[3] .	8000 »	do.	28 » » » » »
Griechenland[3] . .	unbeschr.	1 M. 60 Pf.	a) deutsche: für je 300 M. 5 Pf. mind. 10 Pf. Seeversich. 40 » f. je 200 M.
Italien	8000 M.	20 Pf. u. 20 Pf. Einschreibegeb.	20 Pf. f. je 160 M.
Kamerun	8000 »	do.	16 » » » » »
Luxemburg . . .	8000 »	do.	8 » » » » »
Montenegro[3]. . .	unbeschr.	40 Pf.	deutsch-öst. 5 Pf. f. je 300 M. mindestens 10 Pf. montenegrinisch bis 50 fl. (100 M.) 3 kr. üb. 50—300 fl. 6 » » 300—450 » 9 » u.s.w.f. jed. weitere 150 fl. 3 kr. mehr

[1]) Wertangabe nur zulässig nach den hier verz. Ländern.

[2]) Württemberg erhebt nur im inneren Verkehr
für Geldbriefe bis 250 g auf Entfernungen bis 10 km 15 Pf.
über 10 km bis 10 Meilen 20 »
auf alle weiteren Entfernungen 30 »
für unfrankierte Briefe ausserdem 10 Pf. Portozuschlag

[3]) Die betreffenden Orte sind bei den Postanstalten zu erfragen.

Nach und von	Meistbetrag der Wertangabe	Porto für je 15 g	Versicherungsgebühr
Niederland. . . .	8000 M.	20 Pf. u. 20 Pf. Einschreibegeb.	8 Pf. f. je 160 M.
Norwegen	unbeschr.	do.	20 » » » » »
Portugal einschl. Madeira u. Azoren	8000 M.	do.	20 » » » » »
Portugies. Kolonien	8000 »	do.	28 » » » » »
Rumänien	unbeschr.	do.	20 » » » » »
Russland	unbeschr.	do.	8 » » » » »
Salvador	8000 M.	do.	28 » » » » »
Schweden	unbeschr.	do.	20 » » » » »
Schweiz	unbeschr.	do.	8 » » » 240 »
Serbien	8000 M.	do.	20 » » » 160 »
Spanien einschl. der Balearen u. Canarischen Inseln . .	8000 »	do.	20 » » » » »
Türkei [1]) durch Vermittelung österr. Postanstalten	unbeschr.	do. bezw. wie b. Griechenland	28 » » » » » bezw. wie bei Griechenland
Tunis: a) über Italien	8000 M.	20 Pf. für je 15 g u. 20 Pf. Einschrg.	20 Pf. f. je 160 M.
b) üb. Frankr.	8000 »	do.	28 » » » » »

Pakete mit Wertangabe. Für Pakete mit Wertangabe wird ausser dem Porto eine Versicherungsgebühr erhoben. Dieselbe beträgt nach Orten innerhalb Deutschland und Österreich-Ungarn ohne Unterschied der Entfernung 5 Pf. für je 300 M. oder einen Teil davon, mindestens jedoch 10 Pf. Die Höhe der Wertangabe ist nicht beschränkt. Nach ausserdeutschen Orten sind die Bestimmungen auf den Postanstalten zu erfragen.

Postnachnahmen bis 400 M. sind ausser auf Pakete auch auf Postkarten, gewöhnliche Briefe, Geldbriefe, Einschreibebriefe, Drucksachen und Warenproben bis 250 g Gewicht innerhalb Deutschland und Österreich-Ungarn zulässig.

Die **Taxe für Nachnahme innerhalb Deutschlands** setzt sich zusammen

1. aus dem Porto für Briefe und Pakete. Falls Einschreib- oder Wertsendung, kommt die Einschreib- bezw. Versicherungsgebühr hinzu;
2. aus der Vorzeigegebühr von 10 Pf.;
3. aus den Gebühren für Übermittelung des eingezogenen Betrages an den Absender, und zwar:

bis	5 M.	10 Pf.	
,,	10 ,, ...	10 ,,	(nur in Bayern)
über 5 bezw. 10 ,,	100 ,, ...	20 ,,	
,, 100 ,,	200 ,, ...	30 ,,	
,, 200 ,,	400 ,, ...	40 ,,	

Beispiel: Ein unfrankiertes Paket, 4½ kg schwer mit 2000 M. Wertangabe und 300 M. Nachnahme von Berlin nach München, würde dem Empfänger an Portospesen kosten:

0,60 M. Paketporto, einschl. 10 Pf. Zuschlag, weil unfrankiert,
0,35 ,, Versicherungsgebühr für 2000 M. Wertangabe,
0,10 ,, Vorzeigegebühr,
1,05 M.

Der Absender empfängt vom Postamt München, falls die betr. Sendung eingelöst wird 299 M. 60 Pf. oder 300 M. abzüglich 40 Pf. Geldübermittelungsgebühr.

Für Nachnahmen nach und von Österreich-Ungarn beträgt die Nachnahmegebühr für jede Mark Nachnahme 2 Pf., mindestens aber 10 Pf. Bruchteile einer Mark werden auf eine durch 5 teilbare Pfennigsumme aufwärts abgerundet; es kosten z. B. 11 M. Nachnahme nicht 23, sondern 25 Pf. Nachnahmegebühr.

[1]) Die betreffenden Orte sind bei den Postanstalten zu erfragen.

Ausserdem wird bei Paketen das Paketporto und für Briefe, Postkarten, Warenproben und Drucksachen (Meistgewicht 250 g) mit Nachnahme berechnet:
auf Entfernungen bis 10 geogr. Meilen (1. Zone) franko 20 unfr. 30 Pf.
auf alle weiteren Entfernungen (2.—6. Zone) . „ 40 „ 50 „

Postaufträge zur Geldeinziehung und Büchersendungen. Hierzu ist im deutschen Verkehr wie nach allen übrigen Ländern das Formular auf grünem Karton, zu Aufträgen **behufs Accepteinholung** im deutschen Verkehr das Formular auf grauem Karton zu benutzen.

Nach Luxemburg, Österreich und der Schweiz können die Aufträge, wie im inneren Verkehr in deutscher Schrift und der Geldbetrag nach Luxemburg in deutscher Währung auf dem Formular niedergeschrieben werden, nach den übrigen Ländern müssen die Aufträge in deutscher Sprache, aber mit lateinischen Buchstaben ausgefertigt und die Geldbeträge — auch nach der Schweiz — in Frankenwährung, nach Niederland in niederländischer Währung, nach Österreich und Ungarn in österreichischer Währung angegeben werden, Protesterhebung und eine diesbezügliche Bemerkung auf dem Formulare ist nur in Deutschland, Belgien, Frankreich, Luxemburg und der Schweiz zulässig.

Bei Postaufträgen nach Frankreich, bei welchen mangels Zahlung Protest erhoben werden soll, hat sich der Absender auf der Rückseite des Auftragsformulars schriftlich zur Zahlung der Protestkosten zu verpflichten.

Postaufträge	Höchster Einzugsbetrag	Gebühren	
		Gewichtsporto für je 15 g	Auftragsgebühr
Bayern, Deutsches Reichspostgebiet, Württemberg		Pf.	Pf.
a) zur Geldeinziehung . .	800 M.	—	30
b) zur Protesterhebung . .	unbeschr.	—	70 [1])
c) zu Bücher-, Drucksachensendungen etc. über 250 g	unbeschr.	wie f. Drucksachen	10
(letztere innerhalb Deutschland. Wenn eingeschr. Extrageb. 20 Pf.)			
Frankreich (Algier), Tunis Ägypten, Belgien, Italien, Schweiz, Rumänien, Türkei (österr. Postanstalt)	1000 Fr.	20	20
Lxeumburg, Konstantinopel (deutsche Postanstalt) . . .	800 M.	20	20
Niederland	150 Guld.	20	20
Norwegen	730 Kron.	20	20
Portugal	180 Milr.	20	20
San Salvador (nur Hauptstadt) .	200 Pes.	10	20
Österreich-Ungarn über 15 g. .	400 fl.	20	20

Postanweisungen und telegraphische Postanweisungen nach allen Ländern, mit Angabe des zulässigen Einzahlungsbetrages des Reduktionsverhältnisses fremder Währungen und der zu entrichtenden Gebühren (siehe umstehenden Tarif).

1. Allgemeine Bestimmungen:

Zu Postanweisungen sind besondere bei den Postanstalten käufliche Formulare zu verwenden.

Der Einzahlungsbetrag ist in (arabischen) Zahlen und Buchstaben (nach ausserdeutscnen Staaten in lateinischen Buchstaben), — ferner bei Anweisungen innerhalb Deutschland nach Österreich-Ungarn und Luxemburg in deutscher Reichswährung, nach den übrigen Ländern in der fremdländischen Währung anzugeben.

Die Postanstalten berechnen nach dem jeweils gültigen Reduktionsverhältnisse den in Reichswährung einzuzahlenden Betrag.

[1]) Bei der Aufgabe ist lediglich das Porto für die Hinsendung mit 30 Pf. zu entrichten, die weiteren 40 Pf. werden bei der Rückkunft des Wechsels eingehoben.

Bayern, Deutsches Reichspostgebiet etc. Eilbestellung für Postanweisungen zulässig: mit Zustellung der Anweisungen erfolgt gleichzeitig die Überbringung des Geldbetrages, die Eilbestellgebühr beträgt 25 Pf., in Bayern 50 Pf.

Telegraphische Postanweisungen bis 400 M. zulässig.

Vom Aufgeber ist zu entrichten:

a) die Postanweisungsgebühr;
b) die Gebühr für das Telegramm;
c) das Eilbestellgeld von 25 Pf. für die Besorgung der Depesche nach der Telegraphenstation am Aufgabeorte, wenn sich letztere nicht im Postgebäude befindet. Die Postgebühren für etwaige Postbeförderung des Telegramms zur Telegraphenstation. Das Eilbestellgeld für die Besorgung am Bestimmungsort kann vom Aufgeber oder Empfänger entrichtet werden.

Tarif für Postanweisungen.

Postanweisungen nach	zulässig bis zu	Gebühr für je M.	Pf.	
auszustellen in Mark und Pfennig:		bis 100	20	min-
Deutschland, Reichspostgebiet, Bayern,	400 M.	100—200	30	de-
Württemberg, Luxemburg		200—400	40	stens
Österreich-Ungarn, China (deutsche Postag.), Kamerun-Gebiet (nach Kamerun u. Victoria), Togo-Gebiet (Kl. Popo u. Lome), Türkei (Konstantinopel) .	400 M.	20	10	40
auszustellen in Franken 100 Fr. = 81 M.				
Belgien, Bulgarien, Ägypten, Frankreich (Algier u. Tanger) (Marocco), Japan. Italien, Rumänien, Schweiz, Türkei (Adrianopel, Beirut, Philippopel, Salonichi, Smyrna), Tunis	500 Fr.	20	20	40
auszustellen in Dollar 100 Dollar = 424 M.				
Kanada u. Verein. Staaten v. Amerika, Hawaii (Sandwichs-Inseln)	100 Doll.	20	20	40
auszustellen in Pesos 100 Pesos = 390 M.				
Chile, Salvador	100 Pes.	20	20	40
auszustellen in Kronen 100 Kronen = 112,75 M.				
Dänemark, Island und Farör-Inseln .	360 Kr.	20	10	40
Dänische Antillen, Norwegen, Schweden	360 Kr.	20	20	40
auszustellen in Lstrl., Sch. u. Pce. 1 Lstrl. = 20,45 M.				
Grossbritannien u. Irland	210 M.	20	20	40
Oranje-Freistaat	10 £	20	20	40
Ostindien (Britisch) einschl. der nicht brit. Besitzungen u. Birmas, dagegen mit Ausschluss von Ceylon	20 £	20	20	40
auszustellen in Gulden niederl. 100 Gulden = 169,50 M.				
Niederland	250 Gul.	20	20	40
Niederl. Besitzungen in Ostindien . .	250 Gul.	20	30	40
auszustellen in Milreis 1 Milreis = 4,55 M.				
Portugal einschl. Madeira u. Azoren .	90 Milr.	20	20	40
auszustellen in Türk. Pfund, Piaster u. Para. 1 Pfd. Türk. Gold = 18,40 M.				
Türkei (Konstantinopel)	400 M.	20	10	40

In Bayern beträgt die Gebühr für Postanweisungen, die im Orte der Aufgabepost verbleiben oder in dem dazu gehörigen Landbezirke zu bestellen sind, ohne Rücksicht auf den Betrag bis 400 M., 20 Pf.

2. Besondere Bestimmungen:

Canada und **Grossbritannien.** Es ist notwendig, gleichzeitig mit der Einlieferung der Postanweisungen die Empfänger von der erfolgten Einzahlung der Beträge mittels besonderen Benachrichtigungsschreibens in Kenntnis zu setzen.

Schweiz. Eilbestellung für Postanweisungen zulässig; das Bestellgeld beträgt nach Postorten 25 Pf. und bei gleichzeitiger Überbringung des Postanweisungsbetrages 50 Pf.

Schriftliche Mitteilungen auf dem Abschnitte der Postanweisungen sind unzulässig bei Anweisungen nach Grossbritannien und Irland, Hawaii, Oranje-Freistaat, Ostindien (Britisch) und Vereinigte Staaten vou Amerika.

Telegraphische Postanweisungen sind zulässig nach Belgien, Bulgarien, Dänemark (ausschliesslich Island und Farör), Frankreich mit Algier und Tunis, Italien, Luxemburg, Niederland, Österreich-Ungarn (nur nach wichtigen Orten), Salvador und der Schweiz.

Postpaketsendungen innerhalb Deutschland und nach Österreich-Ungarn.

Die Verpackung muss der Länge der Transportstrecke entsprechend gut und dauerhaft, der Verschluss so beschaffen sein, dass ohne Beschädigung oder Eröffnung desselben dem Inhalte nicht beizukommen ist. Pakete mit Wertangabe sind durch Siegellack mit Abdruck eines ordentlichen Petschaftes zu schliessen. Dasselbe muss eine persönliche oder eigentümliche Bezeichnung (Wappen, Namen etc.) tragen. Verschlüsse mit Abdrücken von Geldstücken etc. sind unzulässig. Für Postpakete sind besondere Formulare als Begleitadresse zu verwenden, welche bei den Postanstalten käuflich sind. Die Adresse des Empfängers muss vollständig auf Paket und Begleitadresse angegeben sein, die blosse Angabe von Buchstaben und Ziffern auf ersterem ist unzulässig. Die Sendungen können nach Wahl des Absenders frankiert oder unfrankiert abgesendet werden. Mehr als 3 Pakete dürfen zu einer Begleitadresse nicht gehören. Bei Sperrgut, d. s. alle Stücke über $1^1/_2$ m Länge oder Breite, ferner solche Stücke über 1 m Länge und $^1/_2$ m Breite, welche unter 10 kg wiegen, wird das Porto um die Hälfte der Taxe erhöht.

Das Porto für Pakete innerhalb Deutschlands und Österreich-Ungarns beträgt je nach Gewicht und Entfernung

Gewicht	1—10 Meil.		11—20 Meil.		21—50 Meil.		51—100 Meil.		101—150 Meilen		über 150 M.	
	M.	Pf.	M.	Pf.	M.	Pf.	M.	Pf.	M.	Pf.	M.	Pf.
bis 5 kg.	—	25	—	50	—	50	—	50	—	50	—	50
» 6 »	—	30	—	60	—	70	—	80	—	90	1	—
» 7 »	—	35	—	70	—	90	1	10	1	30	1	50
» 8 »	—	40	—	80	1	10	1	40	1	70	2	—
» 9 »	—	45	—	90	1	30	1	70	2	10	2	50
» 10 »	—	50	1	—	1	50	2	—	2	50	3	—
» 11 »	—	55	1	10	1	70	2	30	2	90	3	50
» 12 »	—	60	1	20	1	90	2	60	3	30	4	—
Für je 1 Kilo mehr	—	5	—	10	—	20	—	30	—	40	—	50

Bei Sendungen nach ausserdeutschen Staaten ist die Adresse mit lateinischer Schrift zu schreiben. Unter die mit »Anbei« beginnende Zeile der Paketadresse ist zu setzen: Anzahl der Zolldeklarationen: (z. B.) 3. Formulare zur Zolldeklaration in deutscher und französischer Sprache sind bei den Postexpeditionen erhältlich. Diese Formulare enthalten die nötigen Anhaltspunkte zur Ausfüllung.

Die Zahl der beizugebenden Deklarationen, das zulässige Gewicht für gewöhnliche Pakete, Angabe ob Frankierungsfreiheit oder Frankozwang, sowie den entfallenden Portobetrag gibt nachstehende Übersicht:

Paketsendungen nach dem Auslande.

Bestimmungsland N = Nachnahme bis 150 M. zulässig	Gewicht[1]) bis kg	Gesamt-Porto M.	Pf.	Deklarationen d = deutsch e = engl. f = franz.
Amerika N: je nach Gewicht und Entfernung 1 kg nach New-York M. 1.50. nach San Franzisko M. 8.50. $2^1/_2$ kg nach New-York M. 3.—. nach San Francisko M. 11.—.				
Argentinien (über Hamburg od. Bremen)	3	3	80	3 d
Australien				
a) Neu-Seeland	1 3	2 5	60 40	2 d, e od. f
b) Neu-Süd-Wales über Bremen direkt „ Brindisi	5 3	6 7	40 20	2 d, e od. f
c) Südaustralien über Bremen direkt mit deutschen Postdampfern	1 3 5	3 5 6	60 20 80	2 d, e od. f
über Österreich u. Italien (ab Brindisi) mit deutsch. Postdampfern	1 3	4 6	40 —	2 d, e od. f
d) Victoria über Bremen direkt	1 3 5	3 5 6	55 — 80	2 d, e od. f
e) Neu-Süd-Wales, Victoria, Südaustralien, Tasmanien, Victoria und Westaustralien über Hamburg oder Bremen und England	1 3	2 5	60 20	2 d, e od. f
Belgien N	5	—	80	3 f
Brit. Westindien, u. zwar Antigua, Barbados, Dominica, Grenada, Jamaika, Montserrat, Nevis, St. Kitts, St. Lucia, St. Vincent, Tobago, Tortola, Trinidad	1 3	2 3	20 60	2 d, e od. f
Bulgarien	3	1	80	1 d 2 f
Canada	1 2	3 6	40 20	2 d, e od. f
Cap-Kolonie mit Brit. Betschuanaland	1 2 3	2 4 5	60 40 80	2 d, e od. f
Chile über Hamburg	5	3	20	2 d
„ „ Belgien	5	3	60	1 d 2 f

[1]) Die Portosätze für höheres Gewicht sind bei der Postanstalt zu erfragen.

Für Italien und Niederl. Indien ist zu jedem Paket eine aparte Begleitadresse nötig, sonst wie bei Deutschland.

Bestimmungsland N = Nachnahme bis 150 M. zulässig.	Gewicht bis kg	Gesamtporto M.	Pf.	Deklarationen d = deutsch e = engl. f = franz.
China				
a) Shanghai (dtsch. Postag.) üb. Bremen	5	3	20	2 d, e od. f
b) ,, (franz. ,,) üb. Frankr.	3	3	60	3 f
c) Amoy, Canton, Foo—Chow, Hankow, Hoihow, Makao, Ningpo, Swatow				
über Bremen	5	3	80	2 d od. f
,, Österr. u. Italien	3	4	60	
Dänemark N mit den Faröern u. Island	5	—	80	2 d
Dän. Antillen (St. Thomas, St. Jean, St. Croix über Hamburg	5	2	40	1 d 1 f
Deutsch-Ostafrika (über Hamburg) . .	5	3	20	2 d od. f
Ägypten: Weg v. Absender zu bestimmen				
über Schweiz und Italien	3	2	20	1 d 2 f
,, Triest	5	2	20	2 d 2 f
,, Österreich-Ungarn und Italien	3	2	20	2 d 3 f
Frankreich N Festland direkt	3	—	80	2 f
über Belgien	3	—	80	3 f
Corsika Hafen od. üb. Elsass-Lothr.	3	1	—	
andere Orte	3	1	20	2 f
Algerien, Hafenorte	3	1	—	
Eisenbahnstationen	3	1	20	
Senegal	3	1	60	
Guadeloupe, franz. Guyana, Martinique, Pondichery, Réunion . .	3	2	80	
Mayotte, Nossi Bé, St. Marie de Madagaskar	3	2	80	3 f
Kochinchina, Neu-Kaledonien . .	3	3	60	
Griechenland über Triest	5	2	—	3 d
Grossbritannien u. Irland N (Hauptweg Ostende) über Ostende, Vlissingen Rotterdam, London	5	2	—	2 d, od. f
England ausschl. London	5	2	85	
Schottland und Irland	5	3	55	
über Hamburg London	5	1	50	
England ausschliesslich London .	5	2	—	2 d
Schottland und Irland	5	2	75	
Helgoland N	5	—	50	2 d
Honkong über Bremen	5	3	60	
,, ,, Österreich und Italien .	3	4	40	
,, ,, Hamburg od. Bremen u. England	1	3	—	2 d, e od, f
	3	4	60	
,, ,, Belgien und England .	1	3	20	
	3	4	80	
Italien, San Marino und Assab, Weg best. über Österr.-Ung. (Hauptweg)	3	1	40	2 d 1 f
über die Schweiz N	3	1	40	1 d 1 f
über Frankreich	3	1	40	1 d 2 f
Kamerun (über Hamburg).	5	1	60	2 d
Kongostaat (über Belgien).	5	2	40	3 f
Luxemburg N	5	—	70	—
Marokko (über Hamburg)	5	1	60	2 d, e od. f
Montenegro über Österreich-Ungarn . .	3	1	40	2 d
Niederlande N	5	—	80	3 d, holl. od. f
Niederl. Indien (überNiederland)				
a) Hafenorte: Batavia, Padang, Samarang, Soerabaya	1	1	85	4 d, holl. od. f.

Bestimmungsland N = Nachnahme bis 150 M. zulässig.	Gewicht bis kg	Gasamt-porto M.	Pf.	Deklarationen d = deutsch e = engl. f = franz.
	3	2	65	
	5	3	45	
b) Eisenbahnstationen	1	2	25	4 d, holl. od. f
	3	3	05	
	5	4	—	
Norwegen N über Dänemark u. Schweden (Hauptweg)	3	1	60	1 d
über Friedrichshafen	5	1	40	
über Hamburg	5	1	—	
Österr.-Ung. u. Liechtst. s. ob. b. Deutschl.	5	—	50	3 d
Portugal Festland	3	1	80	2 f
Madeira	3	2	20	
Azoren	3	2	60	
Rumänien über Österreich-Ungarn . .	5	1	40	1 d 1 f
Russland, St. Petersburg N für Spesen .	3	2	55	2 d
übrige Russland variirend	5	3	85	2 d
Samoa-Inseln über Bremen	5	3	20	2 d
Schweden N Weg bestimmen (Dänem. Hauptweg) üb. Dänemark, Stralsund od. Lübeck	3	1	60	2 d
Schweiz N	5	—	80	2 d od. f
Serbien über Österreich-Ungarn . . .	3	1	40	2 d
Spanien m. d. Balearen u. d. Canarischen Inseln (über Elsass-Lothr.)	3	1	40	4 f
Togo-Gebiet über Hamburg	5	1	60	2 f
Tonga-Inseln über Bremen	5	3	20	2 d
,, ,, ,, Österreich u. Italien	3	4	—	
Tripolis (ital. Postamt) üb. Österr.-Ung. oder Schweiz oder Italien	3	1	60	2 d 3 f
Türkei. Konstantinopel über Myslowitz und Varna	3	2	20	2 f
über Triest (Hauptweg)	5	2	—	2 f
Hafenorte über Triest	5	2	—	3 f
über Varna	3	2	40	3 f
Orte im Innern: Adrianopel, Janina, Jerusalem über Triest	5	2	—	3 f
über Varna	3	2	40	3 f
Alesandretta, Lattakia, Mersina u. Tripoli (Syrien) über Italien . .	3	2	40	3 f
über Frankreich	3	2	—	
Tunis, Hafenorte über Frankreich . .	3	1	20	2 f
über die Schweiz, Italien u. Messina	3	1	80	1 d 2 f
,, ,, ,, Palermo	3	1	60	1 d 2 f
über Österreich-Ungarn und Italien	3	1	60	2 d 2 f
Eisenbahnstationen über Frankreich	3	1	40	2 f
über Schweiz und Italien, Messina	3	2	—	1 d 2 f
über Österreich-Ungarn und Italien	3	2	—	2 d 2 f
Uruguay über Hamburg oder Bremen .	5	3	80	3 d
,, ,, Belgien	5	4	20	1 d 3 f
Zanzibar (Deutsche Postag.) üb. Hamburg	5	3	20	2 d od. f
(Deutsch-Ostindische Paketpost).				
Indien, Britisch mit Birma	5	1	—	3 d od. e
	für	je ½	kg	
Aden u. Zanzibar (Ort) (Brit.-Ostindische Postanstalt) über Hamburg oder Bremen und England	bis ½kg	2	40	2 d, e od. f
über	½-1	3	—	
,,	1-1½	4	80	
,,	1½-2	5	35	
,,	2-2½	5	95	
,,	2½-3	6	55	

Telegraphenwesen.

Die Aufgabe von Telegrammen hat auf besonderen in den Telegraphenämtern erhältlichen Formularen zu erfolgen. Die Vorschrift muss deutlich und verständlich mit deutschen oder lateinischen Buchstaben geschrieben sein. Korrekturen müssen vom Aufgeber bescheinigt werden. Die Aufschrift, welche voranstehen muss, muss die zu unverweilter Zustellung des Telegramms nötigen Angaben über die Adresse des Empfängers enthalten. Eine Unterschrift ist nicht Vorschrift, sie kann daher abgekürzt gegeben werden. Sogenannte (abgekürzte) Telegrammadressen sind mit der betreffenden Telegraphenanstalt zu vereinbaren und gegen eine jährliche Gebühr von 30 M. zulässig. Die Aufgabe von Telegrammen mit der Bezeichnung »amtslagernd«, »postlagernd« oder »bahnhoflagernd« ist zulässig gegen einen Zuschlag von 20 Pfg.

Wortzählung. Alles, was der Aufgeber in die Urschrift des Telegramms zum Zwecke der Beförderung niederschreibt, mit Ausnahme der Interpunktionszeichen, Bindestriche, Apostrophe, Anführungszeichen, Klammern und Zeichen für den Absatz, wird bei Berechnung als je ein Wort gezählt. Je ein Wort sind also die zur Bildung der Zahlen benutzten Punkte und Komma sowie die Bruchstriche. Die Länge eines einfachen Wortes ist auf 15 Schriftzeichen festgesetzt, der Überschuss wird immer bis zu 15 Buchstaben für ein weiteres Wort gezählt. Dem Sprachgebrauch zuwiderlaufende Zusammenziehungen oder Veränderungen von Wörtern sind unzulässig. Nach der Anzahl der vom Aufgeber zum Ausdruck gebrauchten Wörter werden gezählt: Namen, Titel, Orts- und Strassennamen, ebenso ganz in Buchstaben geschriebene Zahlen z. B. $^2/_3$ = 3 Wörter. Zweidrittel = 1 Wort. Markt-Platz = 2 Wörter, Marktplatz = 1 Wort.

Abgekürzte Vermerke. (D) für »dringendes Telegramm«, (RP) für »Antwort bezahlt«, (TC) für »verglichenes Telegramm«, (CR) für »Empfangsanzeige« (FS) für »nachzusenden«, (PP) für »Post bezahlt«, (XP) für »Eilboten bezahlt«, (RO) für »offen zu bestellendes Telegramm«, (RPD) für »dringende Antwort bezahlt«, (PR) für »Post eingeschrieben«. Diese Angaben müssen vor der Aufschrift zwischen Klammern stehen. Diese Zeichen zählen für je ein Wort.

Besondere Gebühren. Für (D) beträgt die Gebühr das dreifache des Telegrammes; das Telegramm wird vor den übrigen Privattelegrammen befördert. Bei (RP) zahlt der Aufgeber die Rückantwort (eventl. bis zu 30 Wörtern) voraus. Bei dringender Antwort ist (RPD) zu setzen. Für (TC) = Verglichenes Telegramm ist ausser der eigentlichen Telegrammgebühr noch $^1/_4$ derselben zu zahlen. Bei (CR) kann der Aufgeber verlangen, dass ihm die Zeit der Übergabe seines Telegrammes an den Empfänger telegraphisch mitgeteilt wird. Die Gebühr hierfür ist gleich derjenigen eines gewöhnlichen Telegrammes von 10 Worten. Die Weiterbeförderung eines Telegrammes durch Post oder Eilboten kann mit 40 Pf. vorausbezahlt werden. Von der Unbestellbarkeit eines Telegrammes wird dem Aufgeber telegraphisch Mitteilung gemacht. Die Gebühr hierfür beträgt 30 Pf.

Telegraphentarif.

I. Europäisches Taxierungsverfahren.

(Die Länge eines Wortes ist festgesetzt auf 15 Buchstaben oder 5 Ziffern.)

Für ein gewöhnliches Telegramm werden 50, für ein Stadttelegramm 30 Pf. als Mindestbetrag berechnet. Ein bei der Berechnung sich ergebender, durch 5 nicht teilbarer Pfennigbetrag wird aufwärts abgerundet.

Die Beträge verstehen sich für die billigsten und gebräuchlichsten Wege; für andere Routen sind dieselben bei den Telegraphen-Anstalten zu erfragen.

Nach allen unter 1 angeführten Staaten ausser Gibraltar, Grossbritannien und Irland, Malta, Marokko, Montenegro und der Schweiz sind dringende (D) Telegramme zulässig.

Für Telegramme nach:	Taxe f. 1 Wort Pf.	Für Telegramme nach:	Taxe f. 1 Wort Pf.
Deutschland (innerer Verkehr)	5	Grossbritannien u. Irland (mindest. 80 Pf.)	15
Stadttelegramme	3	Italien	15
Afrika, Westküste		Luxemburg	6
Benguela	985	Malta	40
Bissao u. Bolama	450	Marokko (Tanger)	40
Canarische Inseln (via Cadix	145	Montenegro	20
Gabon	670	Niederland	10
Loanda	850	Norwegen	15
Principe	705	Österr.-Ungarn u. Liechtenstein	10
San Thome	650	Portugal	25
Senegal (via Teneriffa)	265	Rumänien	20
Algerien u. Tunis	27	Russland (europäisch. und kaukas.)	25
Belgien	10	Schweden	15
Bosnien u. Herzegowina	20	Schweiz	10
Bulgarien	20	Serbien	20
Dänemark	10	Spanien	25
Frankreich	15	Tripolis	105
Gibraltar	25	Türkei	45
Griechenland (Festland u. Inseln)	30		

2. Aussereuropäisches Taxierungsverfahren.

(Die Länge eines Wortes ist festgesetzt auf 10 Buchstaben oder 3 Ziffern).

Für Telegramme nach:	Taxe für 1 Wort. Pf.	Für Telegramme nach:	Taxe für 1 Wort. Pf.
Afrika (Ost u. Süd) Zanzibar	7,70	Yemen	4,20
Mozambique und St. Lorenzo-Marquez	8,75	Argentinische Republik	7,20
Durban in Natal	8,70	Australien (via Bushire, Penang)	
Betschuanaland	9,15	Süd-Australien	9,35
den übrigen Anstalten Natals, Kapkolonie, Orange-Freistaat u. Transvaal	8,90	Victoria u. West-Austral.	9,35
Deutsch-Ostafrika	7,85	Neu-Süd-Wales	9,55
Afrika (West)		Queensland	9,80
Bathurst (Senegambien)	5,90	Tasmania	9,95
Bonny u. Brass (Nigerdelta)	9,60	Neu-Seeland	10,55
Lagos (Sklavenküste)	8,80	Bolivien (via Galveston)	7,80
Sierre Leone	6,75	Brasilien (via Lissabon)	
Annam (via Bushire)	5,90	Pernambuco	6,25
Arabien Aden, Perim, Hedjas	3,60	Bahia u. Rio de Janeiro	7,05
		Santos, Desterro, Rio Grande do Sul	7,90
		Capverdische Inseln	
		St. Vincent	2,90
		S. Jago	3,85
		Chile (via Galveston)	9,10

Für Telegramme nach:	Taxe für 1 Wort. Pf.
China	
Honkong, Amoy, Foochow, Gutslaff, Saddle, Island, Shanghai	7,—
Canton, Makao, Woosung, Woosung Fort	7,45
Chinhai, Chinkiang, Hanghow, Kashing, Nanking, Nanzing, Ningpo, Swatow	7,95
Cochinchina französ.	5,15
Columbien Buenaventura	5,70
den übrigen Anstalten	5,95
Costa-Rica	5,40
Ecuador (via Galveston)	8,45
Egypten Alexandrien	1,45
übrige Anstalten in Nieder-Egypten	1,65
Suakim	2,35
Guatemala u. Honduras	4,35
Guyana, Brit. (via Kay West)	14,45
,, Niederl.	13,—
Indien (via Bushire) Nach d. Anstalten westl. Chittagong ausschl. Ceylon	4,10
östl. Chittagong u. nach Ceylon	4,35
Isthmus v. Panama	5,15
Japan Insel Tsushima	9,35
den übrigen Anstalten	7,70
Java, Sumatra u. Celebes	6,80
Madeira	1,30
Mexiko	
Chihuahua, Guaymas, Hermosillo, Metamores, Monterey, Sabinas, Saltillo, Sauz	1,85
Mexico City, Tampico u. Vera-Cruz	2,60
übrige Anstalten	2,75
Nicaragua San Juandel Sur	5,15
den übrigen Anstalten	5,40
Paraguay (via Galveston)	7,20
Penang (via Bushire)	5,55
Persien, ausschl. Persischer Golf	1,30
Persischer Golf Bushire	2,45
den übrigen Anstalten	3,65
Peru Callao, Chorillos u. Lima	8,40

Für Telegramme nach:	Taxe für 1 Wort. Pf.
Arequipa, Jslay u. Puno	12,30
Mollendo	11,40
Payta	9,10
Piuza, La Huaca, Sultana	9,95
den übrigen Anstalten	8,85
Philippinen-Inseln Luzon	8,85
Russland, Asiatisch vom Meridian von Werkhne-Udinsk westlich	1,45
östlich	2,35
Bokhara	1,70
Salvador Libertad	4,10
den übrigen Anstalten	4,35
Siam (via Bushire)	4,75
Singapore ,, ,,	6,40
Tonking ,, ,,	6,30
Uruguay (via Pernambuco)	7,25
Venezuela (via Haïti)	11,20
Verein. Staaten v. Amerika Brit. Amerika u. St. Pierre-Miquelon	
1. Cape Breton, Connecticut, Maine, Massachusetts, New-Brunswick, Newfoundland, New-Hampshire, New-York*), Nova-Scotia, Ontario, Prince Edwards Insel, Quebec, Rhode Insel, St. Pierre-Miquelon Insel, Vermont	1,05
2. Columbia (Distrikt) Delaware, Maryland, New-Jersey, New-York, (ausschl. New-York City, Brooklyn u. Yonkers), Pennsylvania	1,20
3. Alabama, Carolina (North- und South-), Pensacola auf Florida, Georgia, Illinois, Indiana, Kentucky, New-Orleans in Louisiana, Michigan, Minnesota: Duluth, Minneapolis u. St. Paul, Mississippi, St. Louis in Missouri, Ohio, Tenessee, Virginia (Ost), West-Virginia, Wisconsin	1,30

*) Nachbezeichnete Orte im Staate New-York haben dieselbe Taxe wie New-York Stadt, nämlich: Astoria, Brooklyn, Bushwick, Carmansville, Flatbush, Fordham, Fort Hamilton, Fort Washington, Governors Island, Greenpoint, Harlem, Harlem River, High Bridge, Hunters Point, Kings Bridge, Long Island City, Manhattanville, Morris Dock, Morrisania, Motthaven, Port Morris, Ravenswood, Riverdale, Spuyten, Duyvit, Tremont, Van Cortlandt, Williams Bridge, Williamsburg, Woodlawn, Yorkville und Yonkers.

Für Telegramme nach:	Taxe für 1 Wort. Pf.	Für Telegramme nach:	Taxe für I Wort. Pf.
4. Arkansas, Colorado, Dakotah, Florida, (ausschl. Pensacola u. Key-West), Indian Territ.; Iowa, Kansas, Louisiana (ausschl. New-Orleans), Minnesota, (ausschl. Duluth, Mineapolis und St. Paul), Missouri (ausschl. St. Louis), Montana, Nebraska, New-Mexiko, Texas, Wyoming . .	1,50	Westindien Antigua. . .	10,35
5. Arizona, California, Idaho, Manitoba, Nevada, Oregon, Utah, Washington Territ. . .	1,60	Barbados	12,25
6. Key West (Florida) .	1,75	Cuba u. zwar Havana .	2,75
7. Columbia (British), North-Western Territ.. Vancouver Island . .	1,85	Cienfuegos	3,65
8. Bermuda (Insel) , .	4,10	Santiago de Cuba . .	4,90
		Bayama, Guantanamo u. Manzanillo	5,15
		den übrigen Anstalten .	3,—
		Curacao (via Haïti) . .	9,40
		Dominica (kl. Antillen-Insel)	10,95
		Grenada	12,15
		Guadeloupe	10,80
		Jamaica	6,—
		Martinique	11,20
		Porto-Rico	9,25
		St. Croix	9,60
		San Domingo (via Haïti)	9,15
		St. Kitts (St. Christoph)	10,10
		St. Lucia	11,45
		St. Thomas	9,35
		St. Vincent, Westindien	11,75
		Trinidad	12,80

Ausdehnung des Telegraphenverkehrs.

Länder	Länge der Telegraphenleitungen	Zahl der Telegraphenanstalten	Zahl der Telegramme
Deutschland (1889) . .	334 084	16408	25 847 836
Österr.-Ungarn (1889) .	182 419	5351	12 947 340
Spanien (1886)	43 446	882	2 481 420
Frankreich (1889) . .	281 764	9498	40 629 362
Grossbritannien (1887) .	287 828	6810	55 182 775
Italien (1889)	126 258	3829	8 793 647
Russland (1888) . . .	284 637	3749	10 804 587

Ausdehnung des Postverkehrs

in Deutschland im Jahre 1889 Es wurden befördert:		davon in Bayern und Württemberg im Jahre 1889
1 014 659 330 . . .	Briefe	132 564 400
323 083 840 . . .	Postkarten	28 926 710
365 130 680 . . .	Drucksachen	36 789 640
760 973 438 . . .	Zeitungen	140 177 883
23 880 690 . . .	Warenproben	2 524 030
9 141 090 . . .	Wertbriefe	1 332 591
3 680 227 . . .	Nachnahmebriefe . . .	622 370
5 621 956 . . .	Postaufträge	616 845
108 720 450 . . .	Pakete ohne Wertang. .	13 608 650
3 214 605 . . .	» mit » . .	678 684
77 047 144 . . .	Postanweisungen . . .	10 028 595

Telephonwesen.

Länder	Anzahl der Telephon-netze	Sprech-stellen
Deutschland 1890	223	50508
Belgien 1888	14	4700
Dänemark 1888	6	1840
Frankreich 1890	40	12800
Grossbritannien 1888	122	20450
Italien »	28	9190
Luxemburg »	15	490
Niederlande »	9	2880
Norwegen »	21	3930
Österreich 1889	28	4680
Portugal 1888	2	890
Russland »	36	7590
Schweden »	137	12900
Schweiz 1889	71	7700
Spanien 1890	29	6300
Ver. Staaten von N.-Amerika 1888	739	158720
Australien	5	1350

Einige Telephon-Anlagen zwischen grossen Städten.

	Leitung km
Berlin—Hamburg	297
Berlin—Braunschweig—Hannover	324
Berlin—Magdeburg	166
Berlin—Stettin	177
Berlin—Leipzig	178
Berlin—Breslau	350
Berlin—Dresden	235
Berlin—Kottbus—Görlitz	227
Breslau—Beuthen Ob.-Schl.	182
Frankfurt a. M.—Mannheim	94
Hamburg—Lübeck	67
Hamburg—Bremen	118
Hamburg—Breslau	650
Kiel—Flensburg	83
Köln—Düren—Aachen	71
München—Hof—Berlin (direkte Leitung)	720
München—Augsburg—Ulm—Stuttgart—Frankfurt	418
München—Nürnberg—Fürth	359
München—Würzburg	278
New-York—Washington	450
Paris—Marseille	1000
Paris—Brüssel	320
Porto—Lissabon	312
Buenos-Ayres—Montevideo	312
Wien—Budapest	270

Die wichtigsten Anlagen in Industriebezirken sind: der oberschlesische Industriebezirk mit Beuthen, Königshütte, Gleiwitz, Tarnowitz, Kattowitz; der rheinische Seidenbezirk mit Krefeld. M.-Gladbach, Rheydt etc., verbunden mit Barmen, Elberfeld, Langenberg und Neviges; der niederrh.-westfäl. Industriebezirk mit Duisburg, Oberhausen, Mülheim a. d. Ruhr, Essen, Bochum, Dortmund, Hagen; der bergische Industriebezirk mit Lennep, Remscheid, Solingen etc.; der Industriebezirk der sächsischen und preussischen Oberlausitz mit Bautzen, Löbau, Spremberg, Zittau, Görlitz, Lauban, Reichenbach etc. Im ganzen sieben Anlagen mit 2589 Sprechstellen, 7076 Anschluss- und 3620 km Verbindungsleitungen.

Entwickelung des Telephonwesens in Deutschland.

Ende des Jahres	Telephonnetze	Sprechstellen	Leitung km
1881	7	1 489	3 152
1882	21	3 707	6 896
1883	33	5 859	10 707
1884	48	8 460	15 552
1885	100	14 170	23 429
1886	122	19 151	33 220
1887	155	25 211	40 122
1888	174	32 920	47 388
1889	198	42 221	59 932
1890	223	50 508	79 787

Die Zahl der **Postämter in Deutschland** betrug Ende 1889 23 410, davon entfallen auf Bayern 1604, Württemberg 594. Die Arbeit wurde in Deutschland von 120 629 Personen bewältigt, wobei das Telegraphenpersonal, 1372 Posthalter und 5466 Postillone einbegriffen sind. Der Gesamtwert der Geldsendungen betrug 22 241 469 740 M., das Gewicht der Paketsendungen zusammen 450 468 640 kg.

Übersicht über politische Richtung und Verbreitung hervorragender Zeitungen.

Titel der Zeitung	Erscheinungsort	Politische Richtung	Wöchentlich mal	Auflage	Vierteljährlich M.	Vierteljährlich Pf.
Allgemeine Zeitung . .	München	gem. lib.	13	10 000	9	—
Altenburger Zeitung . .	Altenburg i. S.	nlib.	6	3 300	3	—
Anhalt.-Staats-Anzeiger .	Dessau	R.-O.	6	7 300	1	90
Augsburger Abendzeitg.	Augsburg	lib.	7	35 000	3	—
Badische Landeszeitung	Karlsruhe	lib.	12	7 000	3	75
Bayerischer Kurier . .	München	kath.	6	12 000	1	50
Berliner Tageblatt . .	Berlin	freis.	13	73 000	5	25
Berliner Fremdenblatt .	Berlin	k.	6	8 500	6	50
Berliner Börsen-Kurier .	Berlin	lib.	13	13 700	6	—
Breslauer Zeitung . . .	Breslau	lib.	18	9 000	7	50
Bund	Bern	freis.	7	10 000	7	—
Darmstädter Zeitung . .	Darmstadt	k.	12	3 000	3	75
Deutsch. Reichs- u. Kgl. Preuss. Staats-Anzeig.	Berlin	R.-O.	6	6 000	4	50
Deutsche Zeitung . . .	Wien	dlib.	13	18 500	11	10
Donau Zeitung	Passau	centr.	6	7 500	1	75
Dresdener Nachrichten .	Dresden	nlib.	7	48 000	2	75
Frankfurter Journal . .	Frankf. a. M.	nlib.	19	24 000	6	25
Frankfurter Zeitung . .	Frankf. a. M.	demokr.	20	34 800	9	—
Fränkischer Kurier . .	Nürnberg	dfreis.	13	12 000	4	—
Fremdenblatt	Wien	kons.	13	20 500	8	80
Gen.-Anzeiger und Korrespond. von und für Deutschland	Nürnberg	unabh.	6	25 000	1	60
Germania	Berlin	centr.	12	6 500	7	—
Hamburger Nachrichten	Hamburg	nlib.	12	20 000	10	—
Hamburger Reform . .	Hamburg	freis.	6	20 000	6	—

Titel der Zeitung	Erscheinungs-ort	Politische Richtung	Wöchentlich mal	Auflage	Vierteljährlich M.	Vierteljährlich Pf.
Hannoverscher Kurier .	Hannover	nlib.	12	14 000	6	25
Hannov. Tagblatt . . .	Hannover	unabh.	6	22 500	3	75
Hartungsche Zeitung .	Königsberg	dfreis.	18	10 200	3	75
Hess. Morgenzeitung .	Kassel	nlib.	6	6 500	3	—
Karlsruher Zeitung . .	Karlsruhe	R.-O.	6	4 500	3	25
Kölnische Volkszeitung	Köln	centr.	20	10 000	6	75
Kölnische Zeitung . .	Köln	nlib.	18	34 750	9	—
Leipziger Tageblatt . .	Leipzig	nlib.	7	19 000	6	—
Leipziger (Kgl.) Zeitung	Leipzig	R.-O.	6	4 500	6	—
Magdeburger Zeitung .	Magdeburg	lib.	13	18 000	7	50
Münchner Neueste Nachrichten	München	lib.	12	65 000	2	50
Münchner Fremdenblatt	München	centr.	12	9 000	2	50
National-Zeitung . . .	Berlin	lib.	12	13 600	9	—
Neckar-Zeitung	Heilbronn	nlib.	6	12 300	2	60
Neue Bad. Landeszeitg.	Mannheim	freis.	13	11 500	3	75
Neue freie Presse . . .	Wien	lib.	13	40 000	11	10
Neue Hannov. Landeszeitg. (Dtsch.Volksztg.)	Hannover	welf.	6	4 500	4	—
Neues Hess. Volksblatt (Hess. Landeszeitung)	Darmstadt	freis.	6	7 000	2	75
Neues Pester Joural . .	Budapest	oppos.	7	27 500	7	45
Neue Preuss.(Kreuz)-Ztg.	Berlin	altkons.	12	9 000	9	—
Nordd. Allg. Zeitung .	Berlin	kons.	12	9 800	7	50
Oldenburger Zeitung .	Oldenburg	dnat.	6	2 500	3	—
Pester Lloyd	Budapest	R.-O.	7	15 000	11	70
Pfälz. Presse	Kaiserslaut.	nlib.	13	12 000	2	80
Pommersche Zeitung .	Stettin	freikons	6	12 000	1	—
Presse (alte)	Wien	regfrdl.	12	15 000	11	10
Reichsbote	Berlin	kons.	6	11 000	3	50
Saalezeitung	Halle a. S.	lib.	6	23 000	3	—
Schlesische Zeitung . .	Breslau	kons.	18	17 500	7	50
Schwäbischer Merkur .	Stuttgart	nlib.	12	12 500	4	25
Schwarzwälder Bote . .	Oberndorf	nlib.	7	25 000	1	90
Stettiner Tagblatt . . .	Stettin	freikons	6	25 000	—	75
Strassburger Post . . .	Strassburg	nlib.	12	8 200	5	—
Tägliche Rundschau . .	Berlin	unabh.	6	26 500	5	—
Vossische Zeitung. . .	Berlin	freis.	12	24 000	7	50
Weser-Zeitung	Bremen	freis.	18	5 000	7	—
Westfäl. Merkur . . .	Münster	centr.	14	13 000	4	50
Westfäl. Zeitung . . .	Bielefeld	dnat.	6	8 000	2	—

Mittlere jährliche Weinproduktion der bedeutendsten Länder.

	Mill. hl		Mill. hl		Mill. hl
Frankreich . .	30	Portugal . . .	3,0	Ver. Staaten . .	1,5
Italien . . .	29,4	Deutsch. Reich	3,0	Algier . . .	0,8
Spanien . . .	28,5	Russland . .	3,0	Kap-Kolonien	0,7
Österr.-Ungarn	9,1	Griechenland .	1,5	Australien . .	0,09

Jährlicher Weinkonsum per Kopf der Bevölkerung.

Frankreich	95,4 l	Spanien	61,7 l	Österr.-Ung.	35,8 l
Italien	78,2 l	Portugal	60,5 l	Deutschland	12,2 l

Jährlicher aussereuropäischer Tabakexport.

	Mill. kg		Mill. kg		Mill. kg
Ver. Staaten	109,2	Niederländ. Ost-Indien	19,9	Philippinen	7
Brasilien	23,5	Kuba	6	Brit. Ostindien	7
Türkei	32			San Domingo	4,8

Jahresexport von ganz Aussereuropa 530 Mill. kg.

Jährliche europäische Tabakkultur.

	Mill. kg		Mill. kg		Mill. kg
Österr.-Ungarn	80,7	Russland	51	Griechenland	7,6
Deutschland	32	Frankreich	17,0	Italien	6

Jahresproduktion von ganz Europa 226 Mill. kg.
Totalproduktion per Jahr . . . . 756 „ „

Jährlicher Tabakkonsum per Kopf der Bevölkerung.

	kg		kg		kg
Ver. Staaten	2,3	Schweiz	2,3	Russland	0,9
Niederlande	2 8	Österr.-Ungarn	2,1	Grossbritannien	0,6
Belgien	2	Deutschland	1,51	Italien	0,6

Jährliche Zuckerproduktion.

Die Rohrzuckerproduktion der Erde beträgt 24 Mill. metr. Zentner
Die Rübenzuckerproduktion Europas „ 36 „ „ „

Gesamtproduktion beträgt 60 Mill. metr. Zentner

Jährlicher Zuckerverbrauch per Kopf der Bevölkerung.

	kg		kg		kg
Grossbr. u. Irl.	32,2	Schweiz	12,—	Belgien	7,14
Ver. Staaten	26,—	Niederlande	10,50	Norwegen	5,6
Dänemark	13,4	Deutschland	10,5	Österreich	5,50
Frankreich	12,5	Schweden	8,—	Italien	3,50

Jährliche Kaffeeproduktion der Erde.

	Tausend metr. Ztr.		Tausend metr. Ztr.		Tausend metr. Ztr.
Brasilien	3891	Venezuela	557	Brit. Ostind.	166
Java u. a. holl. Kol. in Ostind.	917	Hayti	370	Costa Rica	166
		Ceylon	146	Puertorico	171

Gesamte Kaffeeproduktion der Erde per Jahr 7 Mill. metr. Zentner.

Jährlicher Kaffeeverbrauch per Kopf der Bevölkerung.

	kg		kg		kg
Niederlande	7.20	Frankreich	1,45	Spanien	0,19
Schweiz	3,01	Österr.-Ungarn	0,85		
Deutschland	2,39	Grossbritannien	0,44		

Jährlicher Konsum von Spirituosen per Kopf der Bevölkerung.

	L. Alkohol		L. Alkohol		L. Alkohol
Dänemark	7	Schweden	4,2	England	2,43
Deutschland	6	Österr.-Ungarn	4,2	Ver. Staaten	2,4
Belgien	5	Russland	3,0	Norwegen	1,7
Frankreich	4,2	Schweiz	2,75	Italien	0,8

Jährlicher Theeverbrauch per Kopf der Bevölkerung.

	kg		kg
Austral. Kolonien . . .	3,47	Niederlande	0,48
Grossbritannien u. Irland	2,16	Schweiz	0,05
Kanada	1,67	Deutsches Reich	0,03
Vereinigte Staaten . . .	0,59	Österreich	0,01

Bierproduktion in den verschiedenen Ländern des Kontinents und in Nordamerika.

				Liter Verbrauch per Kopf der Bev.
Deutsches Reich . .	1888/89	48 354 218	hl das ist	100,00
Grossbritannien . .	1888/89	46 861 584	,, ,, ,,	119,55
Österreich-Ungarn .	1887/88	13 142 429	,, ,, ,,	34,14
Belgien	1888	10 165 582	,, ,, ,,	185,99
Frankreich	1889	8 382 954	,, ,, ,,	22,42
Russland	1888	3 763 554	,, ,, ,,	. .
Dänemark	1888	2 000 000	,, ,, ,,	. .
Niederlande . . .	1888	1 521 498	,, ,, ,,	33,88
Schweiz	1888	1 033 000	,, ,, ,,	36,66
Schweden	1888	900 000	,, ,, ,,	19,02
Norwegen	1888	479 116	,, ,, ,,	24,08
Italien	1888/89	137 745	,, ,, ,,	0,76
Spanien	1888/89	120 000	,, ,, ,,	. .
Luxemburg . . .	1888/89	39 256	,, ,, ,,	43,37
Übrige europ. Länder	1888/89	390 000	,, ,, ,,	. .
Europa		137 290 936	hl	
Verein. Staaten v. Nordamerika		31 460 978	,, das ist	57,28

In Bayern betrug

	Hektoliter 1884	1889
Die Braunbiererzeugung	12 347 219	14 064 842
Die Weissbiererzeugung	256 772	212 228
Biereinfuhr aus deutschen Staaten	41 480	48 615
,, ,, dem Zollauslande .	1 441	2 438
Zusammen	12 646 912	14 328 123
Die Ausfuhr betrug	1 245 431	2 018 932
Bierkonsum in Bayern . . .	11 401 481	12 309 191

1889 bestanden nach der Angabe des kgl. bayr. stat. Bureaus in Bayern 6881 Brauereien. Die Einnahmen an Braumalzaufschlag betrug 1889: 33 046 660 M.

Die Bierproduktion

nach der Statistik des deutschen Reiches betrug

	1887/88	1888/89	1889/90	
	1000 Hektoliter			Auf den Kopf der Bevölk.
im Reichssteuergebiet.	27 476	28 656	32 189	67 l
in Bayern	13 705	13 526	14 283	248 l
in Württemberg . . .	3 558	3 154	3 419	177 l
in Baden	1 484	1 509	1 631	77 l
in Elsass-Lothringen .	778	759	798	52 l
	47 001	47 604	52 320	Taus. Hektol.
Die Einfuhr betrug . .	142	166	207	
	47 143	47 770	52 527	
Die Ausfuhr betrug .	1 064	947	716	
Der Bierkonsum .	46 079	46 823	51 811	Taus. Hektol.
auf d. Kopf d. Bevölk.	98,0 l	97,9 l	106,3 l	
Brausteuer betrug .	73 016 100 M.	73 383 000 M.	78 817 300 M.	
Davon trifft auf Bayern	32 298 000 ,,	31 928 500 ,,	33 216 600 ,,	
od. auf 1 hl. im Durchschnitt	1,58 ,,	1,54 ,,	1,62 ,,	

Im Reichssteuergebiet bestanden am Schlusse des Jahres 1890 98 33 Brauereien, in Bayern 6 881.

Getreideproduktion der wichtigsten Staaten pro 1889.

1. Europäische Staaten	Weizen und Spelz	Roggen	Gerste	Hafer	Mais	Buchweizen Hirse u. a. Getreide-arten
Russland und Polen . .	70,0	207,4	43,5	179,9	4,0	36,1
Deutsches Reich . . .	34,9	73,7	30,8	92,8	—	2,1
Frankreich	111,5	25,3	17,4	77,1	12,9	5,0
Österreich-Ungarn . .	48,8	39,3	29,8	45,3	48,9	7,2
Grossbritannien u. Irland	27,6	0,6	27,2	59,6	—	—
Italien	38,5	1,4	3,0	6,1	28,9	—
Spanien	32,8	7,4	17,4	2,6	7,8	—
Türkei u. Bulgarien . .	20,5	7,1	7,7	3,3	7,5	0,1
Rumänien	10,0	2,5	5,0	1,2	22,5	0,7
Serbien	1,9	0,6	1,1	0,8	3,8	0,4
Schweiz	1,5	0,7	0,3	1,8	—	2,3
Dänemark	1,7	6,1	7,0	9,4	—	2,8
Schweden	1,3	7,4	5,0	17,5	—	2,4
Belgien	7,0	5,3	1,2	10,1	—	0,8
Niederlande	2,4	4,9	1,8	4,3	—	0,4
Finnland	0,1	4,6	2,2	5,0	—	0,2
Portugal	2,0	1,8	0,6	0,3	5,6	—
Norwegen	0,1	0,4	1,6	3,1	—	0,7
Griechenland	1,6	0,0	0,8	0,0	1,1	0,6
Zus. Mill. Hektoliter	414,2	396,5	203,4	520,2	143,0	61,8
2. Aussereurop. Länder						
Vereinigte Staaten von Nordamerika	172,9	10,0	22,5	264,8	744,6	4,2
Brit. Ostindien	86,3	—	—	—	—	—
Kanada	13,4	0,7	10,5	37,4	6,5	1,4
Australien	12,6	—	1,1	5,4	2,8	—
Ägypten	5,3	—	3,3	—	4,4	—
Chile	6,0	—	2,0	—	3,0	—
Algier	6,7	0,0	10,8	1,2	0,1	0,5
Argentinien	13,5	—	—	—	25,6	—
Tunis	1,4	1,4	—	—	—	—
Japan	27,6	—	—	—	—	—
Zus. Mill. Hektoliter	345,7	12,1	50,2	308,8	787,0	6,1
Total Mill. Hektoliter	759,9	408,6	253,6	829,0	930,0	67,9

Welthandel mit Getreide und Mehl im Jahre 1888.

Nach Neumann-Spallart, welchem auch die vorstehende Übersicht entlehnt ist, wird dem Boden alljährlich durch den Ackerbau, die ebenfalls sehr hoch anzuschlagenden Ernten von Stroh, Heu, Futter, Kartoffeln, Handelsgewächse und Industrialpflanzen, Wein und alle übrigen Produkte des Pflanzenbaues gar nicht mitgerechnet, eine Durchschnitts-Gütermasse von 21—22 Milliarden Mark abgewonnen.

Die Ausgleichung der Produktion und Konsumtion findet durch den auf diesem Gebiete beträchtlichen Welthandel statt, welchen nachstehende Darstellung Neumann-Spallarts veranschaulicht.

Länder	Ges.-Menge in Millionen kg	Wert in Millionen Mark		
		Einfuhr	Ausfuhr	Ges.-Umsatz
Grossbritannien	7540	1047,2	14,8	1062,0
Russland	8640	1,9	796,4	798,3
Ver. Staaten von Nordamerika	4284	33,7	520,3	554,0
Niederlande	2605	322,7	173,6	496,3
Brit. Ostindien	2187	2,5	310,1	312,6
Frankreich	3259	299,8	11,7	311,5
Belgien	2093	237,6	73,8	311,4
Österreich-Ungarn	1316	10,7	269,1	279,8
Deutsches Reich	2066	211,8	34,8	246,6
Rumänien	1647	0,8	166,4	167,2
Italien	799	128,4	10,2	138,6
Australien	802	42,1	85,0	127,1
Kanada	820	30,7	71,5	102,2
Schweiz	465	82,5	1,5	84,0
Spanien	384	55,0	8,2	63,2
Argentinische Republik	351	0,3	58,4	58,7
Schweden	422	30,7	19,9	50,6
Dänemark	414	32,9	17,4	50,3
Bulgarien	430	0,1	38,1	38,2
Europ. Türkei	46	17,1	19,3	36,4
Algier	213	8,7	27,0	35,7
Norwegen	314	34,6	0,8	35,4
Ägypten	229	6,0	22,4	28,4
Griechenland	149	27,0	0,2	27,2
Japan	231	2,4	23,7	26,1
Portugal	149	23,2	0,8	24,0
Chile	123	—	22,0	22,0
Finnland	161	12,4	4,5	16,9
Tunis	?	5,8	3,5	9,3
Uruguay	46	0,5	6,6	7,1
Tripolis	?	4,2	—	4,2
Serbien	94	0,2	8,7	8,9
Summa	42 279	2713,5	2820,7	5534,2

Deutschlands Ernteerträgnis im Jahre 1889/90.

	Tonnen		Tonnen
Weizen	2 372 413	Möhren, Weissrüben, Kohlrüben	3 707 804
Roggen	5 363 426	Raps, Rübsen	102 933
Gerste	1 938 419	Hopfen	35 783
Hafer	4 197 124	Wein Hektoliter	2 021 596
Spelz und Emer	299 918	Tabak	38 999
Einkorn	3 184	Kleesamen	13 468
Buchweizen	123 097	Heu	5 822 929
Erbsen	283 616	Luzerne-Heu	885 854
Ackerbohnen	193 777	Esparsette-Heu	339 974
Wicken	109 719	Andere Futterpflanzen	913 091
Lupinen	84 129	Wiesen-Heu und Grummet	18 423 230
Kartoffel	26 603 965		
Runkelrüben	7 387 722		

Die Kartoffelproduktion in den wichtigsten Ländern.

	in Millionen kg 1888	in Millionen kg 1889
Deutsches Reich	21 911	26 604
Russland und Polen	13 318	14 148
Österreich-Ungarn und Bosnien	11 703	12 808
Frankreich	10 345	10 700
Vereinigte Staaten von Amerika	6 167	5 830
Grossbritannien	3 108	3 645
Irland	2 563	2 893
Belgien	1 364	2 796
Niederlande	2 156	2 156
Schweden	1 298	2 157
Schweiz	1 630	1 630
Spanien	1 585	1 585
Norwegen	626	626
Kanada	798	625
Italien	670	605
Dänemark	349	532
Finnland	446	446
Austral. Kolonien	421	446
Portugal	248	248
Kapland	23	23
Summa	80 729	90 503

Der Kartoffelhandel im Jahre 1888.

	Einfuhr (in Tausend kg)	Ausfuhr (in Tausend kg)	Ges.Umsatzwert (in Tausend Mk.)
Ver. Staaten von Amerika	251 785	12 311	16 805
Grossbritannien und Irland	121 096	2 550	16 650
Deutschland	58 772	215 076	14 650
Belgien	149 868	17 347	12 189
Frankreich	27 333	116 406	10 146
Australien	1 127	60 446	3 601
Niederlande	68 122	71 193	2 349
Schweiz	33 963	906	2 153
Österreich-Ungarn	23 123	19 107	2 151
Portugal	3 218	8 246	1 136
Italien	—	15 219	986
Russland	?	32 485	832
Dänemark	2 430	844	153
Schweden	1 850	349	103
Norwegen	950	112	51
Bulgarien	13	141	14
Summa	743 650	572 738	83 969

Jährliche Rohseidegewinnung aller Länder.

Europa	3,4 Mill. kg
China	9,4 » »
Japan	3,5 » »
Die übrigen Länder	1,2 » »
Zusammen	17,5 Mill. kg

Jährliche Wollproduktion der Erde.

	Mill. kg		Mill. kg		Mill. kg
Russland	119	Grossbr. u. Irland	61	Deutschland	25
Frankreich	36	Spanien	30	Ungarn	19

Ganz Europa 319 Mill. kg.

	Mill. kg		Mill. kg		Mill. kg
Australien	206	Ver. Staaten	139	Kap-Kolonien	13
Arg. Republik	128			Uruguay	26

Ausser Europa 581 Mill. kg. Gesamtproduktion ca. 900 Mill. kg.

Baumwollindustrie.

1883 wurden gezählt	Spindeln		Spindeln
in Grossbrit. u. Irland	42 Mill.	in den Ver. Staaten	$12^3/_5$ Mill.
im europ. Kontinent	$22^1/_2$ »	in Ostindien	$1^7/_{10}$ »

Zusammen $78^4/_5$ Mill. Spindeln.

Auf den europäischen Kontinent kommen folgende Anteile:

	Spindeln		Spindeln
Frankreich	5 Mill.	Spanien	1,8 Mill.
Deutschland	4,8 »	Österreich-Ungarn	1,7 »
Russland	3,6 »	Italien	1 »
Schweiz	1,8 »	Russland	0,8 »

Gesamtproduktion von Steinkohlen.

Die Gesamtproduktion von Steinkohlen betrug pro 1884: 409 381 515 Tonnen. Davon entfielen auf Europa 298 163 753, Verein. Staaten 100 268 109, China 3 000 000, Neusüdwales 2 793 086, Brit. Nordamerika 1 673 000, Ostindien 1 420 183, Japan 755 800, Chile 490 000 und Neuseeland 488 524 Tonnen à 1000 kg.

Steinkohlen-Produktion in Deutschland pro 1887.

ca. 60 101 436 Tonnen:

Westfalen	21 528 741	Königr. Sachsen	4 293 417
Schlesien	16 187 078	» Bayern	683 619
Rheinland	16 127 350	Baden	6 006
Hannover	581 546	Elsass-Lothringen	693 679

Kohlenverbrauch.

Länder	im ganzen in Tausend Tonnen		pro Kopf der Bevölkerung Tonnen	
	1865	1884	1865	1884
Grossbritannien	90,404	140,135	3,092	3,900
Belgien	7,631	13,483	1,577	2,331
Vereinigte Staaten	18,825	98,109	0,598	1,766
Deutschland	26,680	69,001	0,730	1,505
Frankreich	18,522	30,941	0,470	0,816
Österreich	5,050	18,132	0,139	0,464
Russland	1,085	5,200	0,015	0,066

Ausdehnung der grössten Kohlenlager der Erde.

	engl. Qu.-Meilen		engl. Qu.-Meilen
China	200 000	Deutschland	3 600
Verein. Staaten	194 000	Spanien	3 500
Ostindien	35 000	Frankreich	1 800
Neusüdwales	24 000	Belgien	900
Grossbrit. u. Irland	9 000		

Produktion der Bergwerke, Salinen und Hütten in Deutschland und Luxemburg 1888/90.

	1888 Tonnen	1889 Tonnen	Wert in Tausend M.	1890 Tonnen	Wert in Tausend M.
I. Bergwerksprodukte.					
Steinkohlen . . .	65 386 120	67 342 171	385 080	70 039 046	536 766
Braunkohlen . . .	16 573 963	17 631 059	44 349	19 012 481	49 507
Asphalt	41 534	43 496	325	51 144	378
Erdöl	11 920	9 591	881	15 227	1 242
Steinsalz	414 557	544 591	2 255	557 060	2 473
Kainit	318 576	324 477	4 727	361 827	5 200
Andere Kalisalze .	916 759	861 273	10 406	913 315	11 307
Eisenerze	10 664 307	11 002 187	46 469	11 409 625	47 852
Zinkerze	667 761	708 829	17 690	759 441	23 382
Bleierze	161 777	169 569	17 730	168 235	18 104
Kupfererze	530 956	573 290	18 199	596 114	20 167
Silber- u. Golderze	20 390	22 264	4 042	21 356	4 586
Manganerze . . .	28 710	45 167	947	41 855	786
II. Salze aus wässeriger Lösung.					
Kochsalz (Chlornatrium)	496 388	492 522	11 977	485 334	13 252
Chlorkalium . . .	142 765	133 957	16 791	137 005	17 735
Glaubersalz . . .	52 203	69 101	1 660	47 636	1 317
Schwefels. Kali . .	33 412	29 709	4 926	23 185	3 586
Schwefels. Kalimagnesia . . .	11 478	16 325	1 291	11 094	859
Schwefels. Magnesia	25 110	26 978	350	26 376	319
Schwefels. Thonerde	24 641	24 929	1 999	31 010	2 217
Alaun	3 999	4 215	542	4 460	547
III. Hüttenprodukte.					
Roheisen	4 337 121	4 524 558	217 371	4 637 239	266 005
Zink	133 224	135 974	49 335	139 265	61 199
Blei (Blockblei) . .	96 995	100 601	25 490	101 781	25 629
Kupfer (Blockkupf.)	21 569	24 597	28 109	23 717	28 084
Schwefelsäure und rauchendes Vitriolöl	399 938	431 258	14 192	406 630	13 665
Zinn	83 544	63 293	120	63 875	123½
	kg	kg		kg	
Silber	490 603	403 037	50 813	402 256,484	56 060
Gold	1 793	1 958	5 466	1 850,700	5 151

Jährl. Silber- und Goldproduktion der wichtigsten Länder.

Silber	kg
Vereinigte Staaten . .	1 650 000
Mexiko	1 200 000
Südamerika	430 000
Deutschland	403 000
Andere Länder . . .	400 000
Zusammen	4 083 000

Gold	kg
Vereinigte Staaten . .	49 500
Australien	49 800
Russland	28 500
Mexiko u. Südamerika .	14 700
Andere Länder . . .	34 500
Zusammen	177 000

Astronomische Notizen.

Die Sonne. Der Durchmesser der Sonne beträgt 1387 600 km. Ihr kubischer Inhalt ist 1¹/₄ millionenmal mehr als der der Erde, ihre Masse beträgt das 320 000 fache der Erdmasse. Die Sonne bewegt sich nach einem Punkte des Himmels, der unter 258° Rektaszension und 29° nördlicher Deklination liegt, sie ist ein Glied eines Systems höherer Ordnung. Die Umdrehung um ihre Achse erfolgt in 25 Tagen 5 Stunden 38 Minuten.

Die Planeten.

	Durchmesser	Mittlere Entfernung von der Sonne	Umdrehungszeit			Umlaufszeit
	km	Mill. km.	Tag	Std.	M.	Erdentage
Merkur	4900	57,55	1	—	5	87,97
Venus	12170	107,53	—	23	21	224,70
Erde	12755	148,67	—	23	56	365,26
Mars	6752	226,52	1	—	37	686,98
Jupiter	143800	773,48	—	9	55	4332,59
Saturn	123800	1418,09	—	10	14	10759,22
Uranus	60000	2851,80	—	—	—	30688,51
Neptun	55000	4470,47	—	—	—	60186,5

Das Verhältnis der Massen und der Dichtigkeit in Beziehung auf Wasser ist folgendes:

	Sonne	Merkur	Venus	Erde	Mars
Masse:	324,000	0,08	0,82	1,00	0,12
Dichte:	1,44	7,97	5,43	5,68	4,19

	Jupiter	Saturn	Uranus	Neptun
Masse:	338	101	17	18
Dichte:	1,32	0,64	0,98	1,15

Sterne. Mädler zählt Sterne erster Grösse 15, zweiter 65, dritter 190, vierter 425, fünfter 1100, sechster ca. 3200.

Die Zahl der Sterne wächst bei ihren abnehmenden Grössen ungemein. Bei einer Durchmusterung des Himmels auf der Bonner Sternwarte unter Argelanders Leitung ergaben sich 14000 Sterne siebenter Grösse, beinahe 60 000 achter und 24 000 neunter Grösse. Unsere stärksten Fernrohre zeigen noch Sterne sechzehnter Grösse, so dass man die Gesamtzahl aller Sterne, die in ihnen sichtbar sind, wenn die Zunahme der Zahl bei absteigender Grösse bis zur sechzehnten eine ähnliche bleibt, auf 4- bis 5 Tausend Millionen schätzen kann. Dem blossen Auge sind für Berlin nach Humboldt etwa 4022, nach Argelander 3300 Sterne, für den ganzen Himmel 5000 bis 6000 sichtbar.

Erde. Die mittlere Entfernung der Erde von der Sonne beträgt 148 670 000 km, die mittlere Entfernung des Mondes von der Erde 384 000 km. Die elliptische Bahn der Erde um die Sonne beträgt ungefähr 125 Mill. Meil. Die Erde legt im Mittel 4,1 Meil. in der Sekunde zurück, in der Sonnenachse mehr, in der Sonnenferne weniger. (Siehe auch Seite 50.)

Mond. Der Erdmond hat einen Durchmesser von 3480 km und beträgt ¹/₈₁ der Erdmasse. Seine Umlaufszeit beträgt 27 Tage, 7 Stunden und 43,19 Minuten.

Sternbilder.

Ausser den 12 Sternbildern des Tierkreises: Wassermann, Fische, Widder, Stier, Zwillinge, Krebs, Löwe, Jungfrau, Wage, Skorpion, Schützen, Steinbock zählten schon die Alten noch 36 weitere Sternbilder, und zwar:

21 am nördlichen Himmel, nämlich: 1. der kleine Bär, Polarstern, 2. der nördliche Drache, 3. Cepheus, 4. der grosse Bär, 5. Herkules, 6. der Geier mit der Leier, 7. der Schwan, 8. der Pfeil, 9. Cassiopeja, 10. Andromeda, 11. Perseus mit dem Medusenhaupt,

12. der Fuhrmann mit der Ziege, 13. das nördliche Dreieck, 14. Bootes, 15. die nördliche Krone, 16. der Schlangenträger (Ophiuchus), 17. die Schlange des Ophiuchus, 18. der Delphin, 19. das kleine Pferd, 20. Pegasus und 21. der Adler, und

15 am südlichen Himmel, nämlich: 1. der Walfisch, 2. der grosse Hund, 3. der kleine Hund, 4. die grosse Wasserschlange, 5. der Becher, 6. der Rabe, 7. der Wolf, 8. der Centaur, 9. das Schiff Argo, 10. die südliche Krone, 11. der südliche Fisch, 12. der Hase, 13. der Altar, 14. der Fluss Eridanus, 15. der Orion.

Zu diesen 48 älteren Sternbildern sind im Laufe der Zeit noch 56 neue hinzugefügt worden, und zwar:

1. Antinous, 2. das Haupthaar der Berenice, 3. Karlseiche, 4. die Taube, 5. das Kreuz, 6. Sobieskis Schild, 7. das Einhorn, 8. die Giraffe, 9. der Sextant, 10. die Jagdhunde, 11. der kleine Löwe, 12. der Luchs, 13. der Fuchs mit der Gans, 14. die Eidechse, 15. das kleine Dreieck, 16. die Fliege, 17. Cerberus mit dem Zweig, 18. die amerikanische Gans, 19. der Phönix, 20. die kleine Wasserschlange, 21. der Schwertfisch Dorado, 22. der fliegende Fisch, 23. das Chamäleon, 24. der Paradiesvogel, 25. das südliche Dreieck, 26. der Pfau, 27. der Indianer, 28. der Kranich, 29. der Berg Mänalus, 30. das Herz Karls II., 31. das Renntier, 32. der Einsiedler, 33. der Poniatowskische Stier, 34. der Erntehüter, 35. der Mauerquadrant, 36. das Brandenburger Scepter, 37. Friedrichsehre, 38. Georgsharfe, 39. Herschels Teleskop, 40. der Luftballon, 41. die Buchbinderwerkstatt, 42. die Elektrisiermaschine, 43. das Log mit der Leine, 44. die Bildhauerwerkstatt, 45. der chemische Ofen, 46. die Pendeluhr, 47. das rhomboidische Netz, 48. der Grabstichel, 49. die Malerstaffelei, 50. der Seekompass, 51. die Luftpumpe, 52. der Seeoktant, 53. der Zirkel, 54. das Lineal, 55. das Mikroskop, 56. die Setzwage.

Geographische und statistische Notizen.

Dimensionen der Erde.

Der Polardurchmesser der Erde beträgt 1713,13 Meilen = 12 712 km, der Äquatorialdurchmesser 1718,87 Meilen = 12 755 km, der Umfang eines Meridians 5391 Meilen = 40 003km, der des Äquators 5400 Meilen = 40 070 km. Die Gesamt-Oberfläche beträgt 9 260 510 QM. = 509 950 714 qkm, ihr Volumen 2 649 900 000 Kubikmeilen = 1 082 841 Millionen Kubik-Kilometer. Das spezifische Gewicht der Erde ist 5,69, ihr Gewicht 123 225 Trillionen, 760 674 Billionen, 678 690 Millionen Zentner. Von der ganzen Erdoberfläche sind etwa 140 000 QM. um den Nordpol und 396 000 QM. um den Südpol im Verhältnis gegen 6% noch unerforscht. Von der bekannten Fläche kommen etwa 72% (6 282 000 QM.) auf die Meere und 28% (2 743 000 QM.) auf das Land.

Bewegliche Feste auf die Jahre 1892—1902.

Jahr	Osterfest	Pfingstfest	Osterfest der Israeliten
1892 Schaltj.	17. April	5. Juni	12. April
1893	2. »	21. Mai	1. »
1894	25. März	13. »	21. »
1895	14. April	2. Juni	9. »
1896 Schaltj.	5. »	24. Mai	29. März
1897	18. »	6. Juni	17. April
1898	10. »	29. Mai	7. »
1899	2. »	21. »	26. März
1900 Schaltj.	15. »	3. Juni	13. April
1901	7. »	26. Mai	3. »
1902	30. März	18. »	21. »

Tafel zur Stellung der Uhren.

Wenn die Sonnenuhr 12 Uhr zeigt am	Sollen die Räderuhren zeigen	Wenn die Sonnenuhr 12 Uhr zeigt am	Sollen die Räderuhren zeigen	Wenn die Sonnenuhr 12 Uhr zeigt am	Sollen die Räderuhren zeigen
	U. M. S.		U. M. S.		U. M. S.
1. Januar	12 3 52	8. Mai	11 56 20	5. Sept.	11 58 36
9. »	12 6 9	16. »	11 56 46	13. »	11 55 51
17. »	12 10 24	24. »	11 56 34	21. »	11 53 1
25. »	12 12 36	1. Juni	11 57 33	29. »	11 50 15
2. Februar	12 13 58	9. »	11 58 57	7. Oktob.	11 47 51
10. »	12 14 28	17. »	12 0 35	15. »	11 45 50
18. »	12 14 8	25. »	12 2 18	23. »	11 44 25
26. »	12 13 4	3. Juli	12 3 55	31. »	11 43 44
5. März	12 11 39	11. »	12 5 12	8. Nov.	11 43 53
13. «	12 9 37	19. »	12 6 0	16. »	11 44 56
21. »	12 7 16	27. »	12 6 15	24. »	11 46 59
29. »	12 4 49	4. August	12 5 52	2. Dezbr.	11 49 38
6. April	12 2 26	12. »	12 4 50	10. »	11 53 2
14. »	12 0 15	20. »	12 3 12	18. »	11 56 51
22. »	11 58 26	28. »	12 1 5	26. »	12 0 50
30. »	11 57 6				

Areal und grösste Tiefen der Ozeane.

Das Areal der Ozeane beträgt 374 Millionen qkm.

	Tiefe in m	Areal in qkm		Tiefe in m	Areal in qkm
Nordpacific	8513	175 Mill.	Südl. Eismeer	4846	20 Mill.
Südpacific	6160		Nördl. Eismeer	3612	15 »
Nordatlantic	8341	88 »	Mitteländ. Meer	3000	3 »
Südatlantic	6006		Nordsee	190	0,5 »
Indisch. Ozean	5664	75 »	Ostsee	67	0,4 »

Verteilung der Bewohner nach Rassen.

Indisch-europäischer Stamm 629 Mill., Mongolischer Stamm 559 Mill., Afrikaner und Semiten 176 Mill., Dravida, Völker 40 Mill. Ozeanischer Stamm 33 Mill., Amerikan. Stamm u. Eskimo 8 Mill.

Verteilung der Bewohner nach Religionen.

Christen (Katholiken 197, Protestanten 151, Griech. Orthodoxe 85, andere 8) zusammen 436 Mill., Mohammedaner 170, Israeliten 7 und Heiden 827 Millionen.

Verteilung der Bewohner nach Sprachen.

Englische Sprache gesprochen von 100, Deutsche 69, Russische 67, Französische 48, Spanische 40, Italienische 30 Portugiesische 13 Mill.

Stand des Bildungswesens in den wichtigsten Ländern.

Von je 100 Erwachsenen sind schreibkundig in

Deutschland	99	Belgien u. Holl.	89	Italien	43
Ver. Staaten	65	England	89	Spanien u. Port.	40
Schweiz	98	Frankreich	82	Russland	20
Schottland	90	Irland	70		
Skandinavien	90	Österr.-Ungarn	54		

Handelsstatistische Notizen.

Stand der Handelsmarine pro 1887.

Staaten:	Handelsfahrzeuge über 50 Tonnen				
	Dampfer		Segelschiffe		Berechnete Gesamttragfähigkeit
	Zahl	Tonnen	Zahl	Tonnen	Tonnen
Grossbrit. u. Irland und brit. Besitz. in Europa	4829	4 414 800	9944	3 238 500	16 482 900
Brit. Kolon. in Amerika	272	76 700	3690	1 000 700	1 238 000
Brit. Kolon. in Austral.	465	139 900	917	208 900	628 600
Brit. Kolon. in Asien u. Afrika	145	52 600	487	90 100	247 900
Vereinigte Staaten von Nordamerika	2287	673 700	9633	1 918 000	3 939 100
Norwegen	317	109 200	3958	1 373 700	1 701 300
Deutschland	557	417 700	2255	825 800	2 078 900
Frankreich	562	542 600	2128	386 800	2 014 600
Italien	164	138 200	2324	753 500	1 168 100
Schweden	301	91 900	1690	367 500	643 200
Spanien	336	244 400	952	165 300	898 500
Span. Kolonien . . .	95	42 800	427	50 600	179 000
Niederlande	106	113 800	634	188 900	530 300
Niederl. Kolonien . . .	58	31 700	238	53 200	148 300
Europ. Russland . . .	257	85 400	1720	210 400	466 600
Finnland	47	9 500	750	201 900	230 400
Österreich	97	86 300	820	131 200	390 000
Dänemark	191	92 600	980	150 800	428 600
Griechenland	47	25 700	1013	194 500	271 600
Belgien	53	79 500	11	5 100	243 600
Portugal	28	15 000	281	52 200	97 200
Ungarn	12	7 000	132	61 400	82 400
Gesamt-Übersicht					
Europa	7921	6 481 400	29398	8 358 800	27 803 000
Amerika	2769	855 400	14087	3 121 000	5 687 200
Afrika (europ. Besitzungen) . . .	21	2 200	97	17 200	23 800
Asien (europ. Besitz.)	259	120 500	1061		
Australien (europ.				179 700	541 200
Besitzungen . . .	465	139 900	917	208 900	628 600
Total	11435	7 599 400	45560	11 885 600	34 683 800

Die Kriegsflotten der europäischen Seemächte pro 1890.

	Ges.-Sa. der Kriegsfahrzeuge	davon Torpedofahrzeuge
England	447	148
Frankreich	395	180
Italien	202	126
Russland, Ostseeflotte	105	37
» Schwarze Meerflotte	113	86
» Flottille in Sibirien	16	6
» » auf dem Kaspisee .	4	—

	Ges.-Sa. der Kriegs-fahrzeuge	davon Torpedo-fahrzeuge
Deutschland	180	117
Spanien	111	15
Niederlande	84	32
» in Indien	23	—
Türkei	101	28
Österreich	96	56
Schweden	73	38
Dänemark	54	29
Griechenland	50	31
Norwegen	30	9
Portugal	27	4

Jährliche Schiffahrtsbewegung in den bedeutendsten Seehäfen in den letzten zehn Jahren.

	Tonnen Mill.		Tonnen Mill.		Tonnen Mill.
London ca.	12	Hamburg	8	Konstantinopel	5
New-York	12	Marseille	8	Havre	4½
Liverpool	10	Antwerpen	7	Rotterdam	4½

Areal und Bevölkerung der fünf grössten Staaten der Erde.

	Mill. qkm	Mill. Einw.		Mill. qkm	Mill. Einw.
Russland	22,4	112	Verein. Staaten	9,2	62,7
Grossbritannien	23	333,7	Brasilien	8,3	14
China	11,5	402,7			

Areal der grössten Inseln der Erde.

Neu Guinea	800 000 qkm	Sumatra	440 000 qkm
Bornea	700 000 »	Nipon	220 000 »
Madagaskar	600 000 »	Grossbritannien	217 000 »

Entwickelung des Eisenbahnnetzes 1885—1889.

Länder	Länder der im Betriebe befindl. Eisenbahnen 1885	1889
Deutschland	37,572 km	41,793 km
Amerika	249 246 km	317 925 km
Europa	195 657 »	220 261 »
Asien	22 285 »	31 024 »
Australien	12 947 »	17 922 »
Afrika	7 032 »	8 635 »
Zusammen:	487 167 km	595 767 km

Anlagekapital für Eisenbahnen.

Länder	Mark	Länder	Mark
Deutschland	10 259 015 000	Spanien	1 991 587 000
Grossbritannien u. Irland	17 531 903 000	Belgien	1 027 298 000
		Schweiz	850 438 000
Frankreich	11 189 610 000	Ver. St. v. Amerika	43 373 346 000
Russland	7 095 600 000	Brit. Indien	3 712 796 000
Österreich-Ungarn	6 089 170 000	Canada	3 232 450 000
Italien	2 431 666 000	Argentinien	654 741 000

Das Anlagekapital wird im ganzen für Europa auf 59 948 269 000 für die übrigen Erdteile auf 54 217 593 000 Mark geschätzt.

Die höchsten Berge der Erde.

	Meter		Meter
Gaurisankar (Mont Everest) Himalaya	8840	Kamerungebirge	4000
Dápsang (Kara korum)	8620	Ortler	3905
Kanschin Jinga (Himalaya)	8583	Monte Viso	3861
Djavalagiri (Himalaya)	8175	Königsspitze	3854
Nanda, Deri (Himalaya).	7808	Grossglockner	3800
Tagarma (Pamir)	7750	Wildspitze	3775
Soratia (Amerika). Cordill.	7566	Zufallspitze	3762
Chamlang (Asien)	7322	Weisskugel	3742
Tschamaleri (Himalaya)	7298	Wetterhorn	3708
ca. 500 Gipfel des Himalaya-geb. sind höher als der Mont Blanc		Gr. Venediger	3674
		Tödi	3600
		Mont Chenèvre	3592
		Mont Cenis	3584
Aconcagua (S.-Am.) Cord.	6834	Wiesbachhorn	3577
Sajama (Amerika)	6813	Mulhacen (Sierra Nevada)	3554
Gualatieri (Amerika)	6700	Hochfeiler	3515
Pomarape (Amerika)	6611	Dreiherrnspitze	3505
Cerro del Mercedario (Am.)	6588	Zuckerhütel	3500
Parinaeota (Amerika)	6550	Maladetta (Pyrenäen)	3402
Tapungato (Amerika)	6490	Ätna (Sizilien)	3303
Chimborazo (Amerika)	6421	Titlis	3200
Kilimandscharo (Afrika)	6010	Zugspitze (bayer. Alpen)	2957
Eliasberg (Nordamerika)	5900	Stilfser Joch	2800
Elbrus (Kaukasus)	5662	Watzmann	2750
Kenia (Afrika)	5600	Gr. St. Bernhard Pass	2500
Ruvenzori (Afrika)	5500	Tatra (Karpathen)	2644
Montblanc	4810	Mount Kosziusko (Austr.)	2200
Monte Rosa	4640	Rigi	1800
Matterhorn	4482	Schneekoppe (Riesengeb.)	1606
Finsteraarhorn	4275	Feldberg (Schwarzwald)	1500
Mont Ollan	4215	Arber (Böhm. Wald)	1500
Aletschhorn	4182	Vesuv	1269
Jungfrau	4167	Brocken (Harz)	1141
Schreckhorn	4080	Schneeberg (Fichtelgeb.)	1100
Biz Bernina	4052	Beerberg (Thür. Wald)	983

Die höchsten Gebäude.

Eiffelturm in Paris 300 m, Washingtondenkmal (projekt.) 175 m, Münster zu Ulm 161 m, die Türme des Kölner Doms 156 m, Dom zu Rouen 151 m, der Turm der Nicolaikirche zu Hamburg 147 m, St. Peters-Dom zu Rom 143 m, Münster zu Strassburg 142 m, die Cheops-Pyramide 137 m, St. Stephansturm zu Wien 136,7 m, Dom zu Antwerpen 136 m, Dom zu Salzburg 133 m, St. Martin in Landshut 133 m, Petrikirche zu Rostock 126 m, Münster zu Freiburg in Baden 122 m, Kathedrale zu Antwerpen 123 m, Kathedrale zu Salisbury 122 m, Justizpalast zu Brüssel 122 m, Dom zu Florenz 119 m, Viereckiger Turm zu Bologna 115 m, St. Paul zu London 111,3, Dom zu Magdeburg 103,6, St. Ulrich zu Augsburg 102 m, Frauenkirche zu München 101 m, Schlossturm in Dresden 101 m, Turm des neuen Rathauses in Wien 100 m, Petrikirche in Berlin 96 m, Turm des Berliner Rathauses 88 m, Freiheitsstatue im Hafen von New-York 63,11 m mit Sockel, Hermannsdenkmal a. d. Grotenburg b. Detmold 57,4 m mit Sockel, Germaniadenkmal auf dem Niederwald 35,50 m mit Sockel.

Die grössten Ströme, ihre Längen und Stromgebiete.

	Länge km	Stromgebiet qkm		Länge km	Stromgebiet qkm
Amazonenstrom	7396	7 157 800	Kongo	4700	2 500 000
Nil	5600	2 909 000	Amur	4350	2 220 000
Jantse-Kiang	5200	1 776 000	Ob (Sibirien)	4300	3 530 000
Missouri	4983	1 341 600	Mississippi	4200	3 150 000

	Länge km	Stromgebiet qkm		Länge km	Stromgebiet qkm
Niger	4160	2 000 000	Don	1900	440 000
Hoangho (China)	4100	1 900 000	Senegal	1435	440 000
Lena (Sibirien) .	4025	2 484 000	Rhein	1370	168 492
Jenissei	3996	2 816 000	Elbe	1165	144 036
Rio de la Plata	3885	3 400 000	Dniestr	1095	82 000
Mackenzi (N.-A.)	3700	1 517 000	Weichsel . . .	1069	179 505
St. Lorenzstrom	3380	1 301 000	Loire	960	108 000
Wolga	3183	1 458 894	Oder	940	121 524
Indus	3019	960 000	Rhone	812	98 673
Donau	2840	804 000	Seine	776	77 308
Zambesi . . .	2660	1 500 000	Gambia	740	182 000
Dniepr	2048	500 350			

Die bedeutendsten und bekanntesten Seen, ihre Ausdehnung und Tiefe.

	qkm	m tief		qkm	m tief
Achensee	14	131	Mondsee	14	68
Albertsee	5 600	15	Neuchateler See .	230	144
Ammmersee . .	38	88	Njassasee	27 000	200
Baikalsee	34 932	1 373	Oberer See . . .	83 627	309
Bodensee	539	396	Onegasee	9 751	225
Chiemsee	103	166	Ontariosee . . .	19 823	220
Comersee	152	588	Plattensee . . .	635	11
Eriesee	25 000	37	Tanasee	2 980	72
Gardasee	366	825	Tanganikasee . .	40 000	300
Genfersee	573	334	Tegernsee . . .	11	88
Grundelsee . . .	6	64	Totes Meer . . .	915	560
Hallstädtersee . .	9	125	Traunsee	24	290
Huronsee	61 340	300	Victoriasee . . .	75 000	100
Kaspisches Meer .	440 968	946	Vierwaldstättersee	113	146
Kochelsee . . .	8	80	Walchensee . . .	19	248
Königssee . . .	6	230	Wolfgangsee . .	13	113
Ladogasee . . .	18 129	375	Würmsee	54	130
Lago Maggiore .	215	854	Zellersee	5	35
Mälarsee	1 237	52	Zürichersee . . .	88	143
Michigansee . . .	61 906	200			

Breite der wichtigsten europäischen Meeresstrassen an den engsten Stellen.

Calais-Dover 32 km Sund 3 km Dardanellen 2 km
Gibraltar 14 » Bosporus 0,5 »

Übersicht einiger wichtiger Schiffahrtskanäle.

Bezeichnung mit Angabe der Anfangs- und Endpunkte	Länge km	Wassertiefe m
Eiderkanal, Obereider bei Voorde—Kieler Bucht	32,0	3,2
Finowkanal, Havel—Oder bei Hohensaaten . .	69,5	1,3
Hunte-Emskanal, Ems—Hunte bei Oldenburg .	45,0	1,5
Klodnitzkanal, Gleiwitz—Oder bei Kosel . . .	45,5	1,3
Main-Donaukanal, Main bei Bamberg—Donau .	173,0	1,6
Plauer Kanal, Niegripp an der Elbe—Plaue an der Havel	57,5	1,6
Rhein-Marnekanal, Ill bei Strassburg—Xures (franz. Grenze)	104,0	1,6
Rhein-Rhônekanal, Illkanal bei Strassburg—Franz. Grenze	132,0	1,6
Saarkanal, See von Gondres anges—Saargemünd	63,5	1,6
Stecknitzkanal, Elbe bei Lauenburg—Trave . .	56,0	0,9
Suezkanal, Port Said—Suez	160,0	8,0
Nord-Ostsee-Kanal, Brunsbüttel—Holtenau . .	98,0	8,5
Panamakanal, Colon—Panama	75,0	8,5

Von grosser Wichtigkeit sind: 1. der Suezkanal, dessen Breite am Wasserspiegel 58—100, an der Sohle 22 m beträgt. Er vermittelt die Verbindung zwischen dem Mittelländischen und Roten Meere. Die Baukosten betrugen ca. 19 Millionen Pfd. Sterling. 2. Der im Bau begriffene Panamakanal, dessen Breite 22—56 m sein wird, verbindet den Atlantischen Ozean mit dem Stillen Meer. Die auszuhebende Erde wird auf 120 Millionen cbm geschätzt. Die Ausgaben betragen bis jetzt 1200 Millionen Frank. 3. Der im Bau begriffene Nord-Ostseekanal, dessen Sohlenbreite auf 26, und obere Breite auf 60 m festgesetzt ist, bietet, abgesehen davon, dass nach seiner Vollendung die Schiffahrt nicht mehr durch das gefährliche Skagerrak geht, den Vorteil, dass der Weg nach allen südlich von Newcastle an der englischen Ostküste liegenden Häfen ein kürzerer ist. Die Kürzung beträgt z. B. von der Insel Bornholm nach der Themsemündung 200 Seemeilen, von den deutschen Nordseehäfen fast das Doppelte, für Lübeck 570, für Wismar 530 und für Rostock 510 Seemeilen. Die Kosten, welche das Deutsche Reich trägt, sind auf 156 Millionen Mark veranschlagt.

Die längsten Brücken sind die über

	m		m
den Lorenzfluss b. Montréal	2637	die Weichsel bei Thorn .	1000
» East-River b. New-York	1826	» Donau Prater b. Wien	980
» Zürichers. b. Rappersw.	1600	» Maas bei Bammel . .	918
die Wolga bei Sysrau . .	1484	den Mississippi bei Illinois	776
den Hollandsch Diep bei Moerdyk	1478	» Rhein bei Culenborg .	704
d. Dnjepr b. Jekaterinoslau	1264	die Menaistrasse (England)	557
die Weichsel bei Graudenz	1143	» Weichsel bei Dirschau	508
den Dnjepr bei Kiew . .	1082	» Garonne bei Bordeaux	487
» Nil im Delta	1006	den Rhein bei Mainz . .	482
		» » » Köln . . .	313

Die Waldungen Europas.

	Proz. des Areals		Proz. des Areals
Schweden	39	Frankreich	17
Russland	38	Italien	16,9
Norwegen	31	Spanien	8,9
Österreich-Ungarn . .	29	Portugal	7
Deutschland	25	Niederlande	7
Schweiz	19	Dänemark	5
Griechenland	18	Grossbritann. u. Irland	2,4

Die bedeutendsten und bekanntesten Alpenpässe.

	m hoch	
Arlbergpass Kunststrasse	1798	zwischen Rhein- und Innthal.
Bernhardinpass »	2063	» Rhein-Tessin.
Berninapass	2334	» Ob.-Engad.-Veltlin u. Potschiv.
Brennerpass »	1421	» Inn und Eisack.
Mont Cenis »	1928	» Isère und Po.
Fernpass	1204	» Inn- und Loisachthal.
Finstermünzpass	1137	» Engadin und Tirol.
St. Gotthardpass »	2092	» Reuss-Tessin.
Julier	2287	» Ober-Engadin-Oberhalbstein.
Mallnitzer Tauernpass	2202	» Ober-Salzach-Drau.
Mendelpass Kunststrasse	1354	» Kaltern-Cles.
Prebichepass »	1224	» Mur-Enns.
Predilpass »	1165	» Drau- und Isonzothal.
Radstädter Tauernpass	1675	» Enns-Murthal.
Rawilpass	2264	» Simmenthal-Sitten.
Reschenscheideck Kstr.	1423	» Etsch-Innthal.
Rottmanner Tauernpass	1251	» Enns-Mur.
Semmering	974	» Leitha-Murzthal.
Simplonpass Kunststrasse	2010	» Rhone-Tessin.
Splügenpass »	2117	» Rhein-Adda.
Stilfser Joch »	2797	» Etsch-Adda.
Toblacher Feld »	1044	» Rienz-Drauthal.

Die grössten Höhlen.

	m lang		m lang
Adelsberger Grotte . . .	4 172	Fingalshöhle (Hebriden) .	113
Almbergerloch bei Aussee	250	Finsterloch (Jaxtkreis) .	180
Baradla (Karpathen) . .	15 000	Höhle von Corgnale bei Triest	322
Baumannshöhle (Harz) .	280	Höhle von Planina (Unz-Grotte)	5 713
Bielshöhle (Harz) . . .	210	Hundsgrotte bei Neapel .	2,5
Einhornshöhle (Harz) . .	300	Nebelhöhle b. Oberhaus .	796
Falkenburgerhöhle (Barbarossa)	2 000		

Höhen einiger bedeutender Wasserfälle.

	m		m
Viktoriafall (Zambesi) . .	760	Teveronefall (Italien) . . .	96
Giessbach (Brienzer See) . .	300	Gollingerfall	95
Krimmlerfälle (4 Fälle) deren höchster ca.	200	Gasteiner Fälle	80
Staubbachfall (Schweiz) . .	287	Niagarafall östliche Hälfte .	52
Rjukanfoss (Norwegen) . .	245	,, westl. Hälfte .	46
Teigumfoss (Norwegen) . .	200	Rheinfall	21
Staubfall bei Salzburg . .	200	Elbfall	20
Gavarnie (Pyrenäen) 10 Fälle der höchste	97		

Gebirgsbahnen der Erde.

	höchster Punkt		höchster Punkt
Arlbergbahn	1310	Arequiya-Punobahn . . .	4580
Brennerbahn	1367	Oroyabahn	4769
Gotthardbahn	1154	Veracruz-Mexikobahn . .	2533
Mont Cenisbahn	1254	Pacificbahn	2521
Semmeringbahn	898		

Übersicht über die Länge der bedeutendsten Tunnel.

	m		m
St. Gotthardtunnel . . .	14 920	Pfaffensprungtunnel Gotth.	1 100
(Gotthardbahn 53 Tunnel)		der Axenbergtunnel ,,	1 460
Mont Cenistunnel . . .	12 233	d. Leggissteintunnel Ghdb.	1 095
(M. Cenisbahn 38 Tunnel)		der Luganotunnel ,,	800
Arlbergtunnel	10 270	Semmeringb. (15 Tunnel) Haupttunnel	1 455
Severintunnel (England) .	7 250	Brennerbahn (27 Tunnel) Mühlthalertunnel . . .	876
Kaiser Wilh.-Tunnel (Moselbahn)	4 205	Brennerbahntunnel durch den Berg Isel	661
Ölbergtunnel d. Gotthardb.	1 934		
Mont Cenevetunnel ,,	1 670		

Verschiedene Geschwindigkeiten.

Eine interessante und anschauliche Tafel der Geschwindigkeiten gibt Dr. A. Winkelmann in seinem Handbuch der Physik. Die Schnecke legt in der Sekunde 0,0015 m zurück; der Mensch im Schritt 1,25; ein Schneeschuhläufer 2,95; Halleys Komet i. Aphel 8,00; der schnellste Fluss 4,00; ein Luftballon bei Windstille 6,4; ein Schnellläufer 7,1; eine Fliege 7,6; der schnellste Dampfer 8,5; ein Bicycle 9,7; ein Eisläufer 11,6; ein Rennpferd 12,6; ein Bergstrom 14,3; ein Schnellzug 16,7; die Wogen des Ozeans 21,6; die Brieftaube 27,0; der Orkan 45,0; eine Schwalbe 67,9; der stärkste Cyklon 116 m; der Schall in der Luft 290; eine Kanonenkugel 500; eine Flutwelle 800 m; Steine des Pic von Teneriffa, die sich vom Gipfel losgelöst haben, legen bei ihrem Fall zu Thale 1 km zurück; der Mond bei seinem Lauf ebenfalls 1 km; die Explosion der Schiesswolle 5,8; die Sonne 7,6; die Erde 29,5; Sternschnuppen im Mittel 40,0; der Kabelstrom 4000; der Telegraphenstrom 11 690; der Induktionsstrom 18 400; der elektrische Strom im Mittel 36 000; Blitzen in Sonnenflecken 200 000; das Licht 300 000 km.

Die Staaten der fünf Erdteile und ihre Bewohner.

I. Amerika	qkm	Bewohner	Auf 1qkm
Ver. Staaten von Nordamerika	9 212 270	62 770 093	8,0
Brasilien	8 337 218	14 002 335	1,67
Argent. Republik	2 789 400	3 203 720	1,0
Mexiko	1 946 523	11 601 347	5,0
Bolivia	1 334 200	2 214 300	1,8
Venezuela	1 539 398	2 234 385	1,8
Peru	1 137 000	3 000 000	2,8
Kolumbien	1 203 100	3 500 000	3,6
Chile	776 000	3 173 000	3,5
Ecuador	307 243	1 004 651	2,0
Paraguay	253 100	329 688	1,4
Uruguay	186 920	687 194	3,6
Nicaraguay	123 950	310 000	2,0
Guatemala	125 100	1 460 017	12,0
Honduras	119 820	381 938	3,0
Dominikanische Republik	45 200	417 000	5,5
Costa Rica	54 070	214 000	4,0
Haiti	28 676	960 000	33,0
San Salvador	21 070	663 613	31,0
Britische Besitzungen	8 701 975	6 805 871	0,8
Spanische Besitzungen	128 453	2 275 997	17,7
Französische Besitzungen	124 506	400 000	3,2
Niederländische Besitzungen	120 451	120 095	0,9
Dänische Besitzungen	359	33 763	94,0
	38 616 002	121 763 007	

II. Asien	qkm	Bewohner	Auf 1 qkm
Chinesisches Reich	11 574 356	402 735 000	3,5
Unabhängiges Arabien	2 507 390	3 700 000	1,5
Persien	1 648 195	8 000 000	5
Siam[1])	760 000	8 000 000	—
Afghanistan	721 664	4 000 000	5,5
Birma	500 000	4 000 000	9
Japan	382 416	39 607 234	104
Belutschistan	276 515	350 000	1,8
Bochara	239 000	2 130 000	9
Himalayastaaten	234 000	3 300 000	14
Korea	218 192	8 500 000	36
Unabhängiges Malaga	81 500	300 000	4
Stämme östlich von Assan	65 500	200 000	3
Chiwa	57 800	700 000	12
Kafiristan	51 687	500 000	9,6
Russisch Asien	17 007 832	16 186 450	0,95
Britische Besitzungen	4 660 173	279 329 112	60
Asiatische Türkei	1 890 468	16 271 252	9
Niederländische Besitzungen	1 664 606	27 682 912	18,5
Französische Besitzungen	465 300	16 500 000	40
Spanische Besitzungen	296 182	5 820 116	18,9
Portugiesische Besitzungen	19 666	849 600	43,1
	45 322 442	848 661 676	

[1]) Die Schätzungen der Bevölkerung schwanken zwischen 6 und 12 Millionen Seelen.

Die Staaten der fünf Erdteile und ihre Bewohner:

III. Afrika.	qkm	Bewohner	Auf 1 qkm
Ägypten	1 021 354	6 809 727	6,8
Nubien und Sudan	1 960 000	10 000 000	5
Tripolis und Barka	1 033 000	1 000 000	1
Marokko	812 300	10 000 000	12,3
Sahara	6 180 426	2 850 000	0,4
Wadai	444 550	2 600 000	6
Baghirmi	183 404	1 500 000	8,2
Bornu	148 406	5 000 000	33,8
Kanem	56 660	100 000	1,8
Sokoto	224 111	12 570 000	34,8
Adamáua	137 365		
Gando	203 309	5 500 000	27
Massina	166 879	4 500 000	27,5
Liberia	37 200	1 068 000	28,9
Abessinien	333 279	3 000 000	9
Galla- und Somaliländer	1 897 000	15 500 000	8,2
Uganda	123 000	5 000 000	40,6
Lundareich	345 000	2 000 000	7,7
Marutse-Mambundareich	268 000	900 000	3,3
Südafrik. Republik	315 590	470 000	1,4
Oranjefluss-Republik	107 439	133 578	1,3
Britische Besitzungen	1 543 113	4 951 247	3,2
Französische Besitzungen	2 438 406	19 603 951	8,9
Portugiesische Besitzungen	1 806 365	4 270 555	2,3
Spanische Besitzungen	709 453	446 004	0,6
Italienische Besitzungen (nicht genau festzustellen)	?	?	?
Belgien: Congostaat	2 091 000	24 000 000	12
Deutsche Besitzungen: und zwar Togogebiet 1300 qkm mit 40 000 Bew., Kamerun 30 000 qkm mit 500 000 Bew., Deutsch-Südwest-Afrika 1000 000 qkm mit 236 000 Bew., Deutsch-Ostafrika 1100000 qkm mit 800 000 Bew., Witu- und Somaliküste (noch nicht genau festgestellt).	2 131 300	1 576 000	0,8
	26 717 909	145 349 062	

Noch nicht genau bestimmbar: die belgischen und italienischen Besitzungen, die Witu- und Somaliküste, das Areal und die Bewohnerzahl mehrerer unabhängigen einheimischen Staaten. Vorstehende Gesamtsummen können daher nicht als massgebend betrachtet werden.

IV. Australien und Ozeanien	qkm	Bewohner
a) Continent (Brit.)	7 694 584	3 070 566
Neuseeland (Brit.)	270 392	649 349
b) Ozeanien (Brit. Besitzungen)	252 004	272 214
,, (Niederl. Besitzungen)	397 202	250 000
,, (Französ. Besitzungen	24 627	102 975
,, (Spanische Besitzungen)	2 590	44 665
,, (Japan. Besitzungen)	87	148
,, (Chilenische Besitzungen)	118	600
,, Besitz amerik. Firmen	78	3 291

Die Staaten der fünf Erdteile und ihre Bewohner.

IV. Australien und Ozeanien	qkm	Bewohner
Ozeanien: Deutscher Besitz	254 050	388 000
und zwar: Kaiser Wilhelms-Land 179 250 qkm mit 109 000 Bewohnern, Bismarck-Archipel 52 200 qkm mit 188 000 Bewohnern, Nördliche Salomoninseln 22 195 qkm mit 80 000 Bewohnern, Nauru (Pleasant) 5 qkm mit 1000 Bewohnern, Marschallinseln 400 qkm mit 10 000 Bewohnern.		
Unabhängiges Ozeanien:		
Melanesien	35 936	145 650
Polynesien	20 872	143 212
Mikronesien	409	30 835
	8 952 949	5 101 505

V. Europa	qkm	Bewohner	Auf 1 qkm
Russland	5 016 381	93 703 331	18
Deutsches Reich (Zählung 1890)	540 597	49 422 928	91,4
Österreich-Ungarn	625 557	39 385 886	61
Frankreich	536 408	38 218 903	72
Grossbritannien u. Irland nebst den europ. Besitzungen . .	314 754	37 991 206	127
Italien	296 323	30 947 306	104
Spanien	492 230	16 733 200	34
Türkei (ausser Bulgarien und Ostrumelien)	226 503	7 079 116	31
Belgien	29 457	6 093 798	207
Rumänien	129 947	5 376 000	41
Schweden	450 574	4 774 409	11
Portugal inkl. Azoren	91 260	4 575 955	50
Niederlande	33 000	4 548 596	138
Schweiz	41 346	2 934 057	71
Finnland	373 604	2 305 916	6
Bulgarien und Ostrumelien . .	96 635	3 154 375	32,6
Griechenland	64 689	2 187 208	34
Dänemark	38 279	2 172 205	57
Faroer und Island[1]	106 118	82 178	—
Serbien	48 589	2 096 043	43
Norwegen	322 526	1 913 000	5,8
Montenegro	9 030	236 000	26
Luxemburg	2 587	213 283	82,4
Monaco	22	13 304	—
Liechtenstein	159	9 593	60
San Marino	59	7 840	133
Andorra	452	6 000	13,3
	9 887 086	356 181 636	

[1]) Bewohnbar nur 42 068 qkm.

Auswärtige Besitzungen europäischer Staaten.

	qkm Tausend	Bewohner Tausend
1. Grossbritannien	23 626	297 228
2. Frankreich	3 133	38 752
3. Niederlande	2 182	28 053
4. Deutschland	2 385	1 964
5. Portugal	88	44
6. Spanien	1 136	8 634
7. Dänemark	88	44

Nach den letzten amtlichen Nachweisungen beträgt die Zahl der Deutschen[1]) in;

Ver. Staat. v. Amerika	1 690 410	Bulgarien	2 245
Europ. Russland	983 471	Uruguay	2 125
Kanada	254 319	Finnland	1 800
Schweiz	95 262	Peru	1 672
Brasilien	45 829	Hawai	1 600
Austral. u. Neuseeland	42 129	Norwegen	1 471
Niederlande	42 026	Venezuela	1 171
Rumänien	41 500	Spanien	952
Grossbritannien	40 371	Ägypten	948
Belgien	34 196	Island	927
Dänemark	23 152	Paraguay	740
Kaukasien	8 876	Japan	318
Italien	5 234	Griechenland	314
Sibirien	5 060	Russ. Zentralasien	236
Argentinien	4 997	Tonga	63
Chile	4 678	Korea	31
Schweden	3 289		

Regententafel.

	geboren	Regierungsantritt	Thronfolger
Abdul Hamid, Grosssultan	22/IX 42	31/VIII 76	Moh.-Selim-Effdi.
Adolf, F. v. Schaumb.-Lippe	1/VIII 17	21/XI 60	Georg, Erbprinz.
Adolf, Grossherzog von Luxemburg	24/VII 17	6/XI 90	Wllh. Alex. Erbprz.
Albert, König von Sachsen	23/IV 28	29/X 73	Prinz Georg.
Albrecht, Prinz v. Preussen, Regent von Braunschweig	8/V 37	21/X 85	—
Alexander I., Kön. v. Serbien	14/VIII 76	6/III 89	—
Alexander III., Kais. v. Russl.	10/III 45	13/III 81	Grossfürst Nikolai.
Alfons XIII., Kön. v. Spanien	17/V 86	17/V 86	—
Regent.: Kön. Marie Christ.	21/VII 57	25/XI 85	
Carl I., Kön. v. Württemberg	6/III 23	25/VI 64	Prinz Wilhelm.
Carl Al., Grh. v. Schs.-Wm.-E.	24/VI 18	8/VII 53	Erbgrh. Karl Aug.
Carl, F. v. Schwbg.-Sondersh.	7/VIII 30	17/VII 80	Günther Leopold.
Carl, König von Rumänien	20/IV 39	20/IV 66	Prz. Ferdinand.
Carlos I., König von Portugal	28/IX 63	19/X 89	Louis Phil. Krprz.
Christian IX., Kön. v. Dänmk.	8/IV 18	15/IX 63	Friedrich.
Ernst II., H. v. Schs.-Cob.-Got.	21/VI 18	29/I 44	Alfr. Prz. v. Grossbr.
Ernst, Hz. v. Sachs.-Altenb.	16/IX 26	3/VIII 53	Moritz.
Ferdinand v. Sachs.-Cob.-G. Fürst von Bulgarien	26/II 61	7/VII 87	—

[1]) Nach der Umgangssprache geschätzt, würde die Zahl der Deutschen im Auslande ca. 7—8 Millionen betragen. Obige Tabelle bezieht sich nur auf die in Deutschland Geborenen oder Reichsangehörigen.

	geboren		Regierungsantritt		Thronfolger
Franz Jos. I., Kais. v. Österr.	18/VIII	30	2/XII	48	—
Friedrich, Grossh. v. Baden	9/IX	26	24/IV	52	Friedr. Wilhelm.
Frdr.Wlh.,Grh.v.Meckl.-Strl.	17/X	19	6/IX	60	Adolf Friedrich.
Friedrich, Herzog v. Anhalt	29/IV	31	22/V	71	Friedrich.
Frdr. Fz. III., Gh.v.Ml.-Schw.	19/III	51	15/IV	83	Friedrich Fz.
Georg II., Hz. v. Sachs.-Mein.	2/IV	26	20/IX	66	Bernhard.
Georg Victor, Fst. v. Waldeck	14/I	31	15/V	45	Friedrich.
Georg I., Kön. v. Griechenld.	24/XII	45	5/VI	63	Konstantin.
Günther, Fst. v. Schwzb.-Rd.	21/VIII	52	19/I	90	—
Hnr.XIV.,F.Reuss j.L. (Schl.)	28/V	32	11/VII	67	Heinrich XXVII.
Hnr. XXII.,F.Rss.ä.L. (Greiz)	28/III	46	8/XI	59	Heinrich XXIV.
Humbert I., König v. Italien	14/III	44	9/I	78	Viktor Emanuel.
Johann II., F. v. Liechtenst.	5/X	40	12/XI	58	—
Leo XIII., Papst	2/III	10	20/II	78	—
Leopold II., König d. Belgier	9/IV	35	10/XII	65	—
Ludwig IV., Grossh.v.Hessen	12/IX	37	13/VI	77	Ernst Ludwig.
Nikolaus, F. v. Montenegro	7/X	41	14/VIII	60	Danilo.
Oskar II., K. v. Schw. u. Nw.	21/I	29	18/IX	72	Gustav Adolf.
Otto I., König von Bayern	27/IV.	48	13/VI	86	—
Regent: Prinz Luitpold .	12/III	21	13/VI	86	—
Peter, Grossh. v. Oldenburg	8/VII	27	27/II	53	Friedrich August.
Viktoria, Kön. v. Grossbrit.	24/V	19	20/IV	31	Albert Eduard.
Wilh.II., D.Kais.,Kön.v.Prss.	27/I	59	15/VI	88	Wilhelm.
Wihelmine, Kön. d. Niederl.	31/VIII	80			
Regent.: Königin Emma .	19/II	17	20/XI	90	
Woldemar, Fürst zur Lippe	18/IV	24	8/XII	75	Alexander Carl.

Heeresstärke der souveränen Länder im Krieg und Frieden.

	Frieden	Krieg
Belgien	45 284	130 000
Bulgarien	35 807	125 007
Dänemark		59 562
Deutschland[1])	511 492	2 393 500
Frankreich (einschl.d.Territorialarmee)	557 482	4 190 000
Griechenland	26 134	
Grossbritannien	288 412	697 432
Ind. Armee aus Eingeb. bestehend		127 810
Polizeicorps in Irland		12 000
Milit. org. Polizei in Indien . . .		190 000
Italien (offiziell)	849 192	2 852 323
Montenegro	1 800	41 000
Niederlande	66 149	185 202
Niederl. Kolonien	34 575	
Norwegen	18 800	
Österreich-Ungarn	354 765	1 817 553
Portugal	28 005	150 000
Rumänien	51 450	123 000
Russland	796 868	2 392 327
Schweden	38 142	139 913
Schweiz	126 444	207 240
Serbien	13 213	157 500
Spanien	131 400	869 353
Türkei mit den asiat. Truppen . . .	170 400	1 000 000

[1]) Ohne Landwehr und Ersatzreservisten.
Die Kriegsstärke kann nicht genau angegeben werden, da die Zahl der bei einer Mobilmachung einzustellenden Feld-Reserve und Ersatztruppen geheim gehalten wird.

Flächeninhalt, Bevölkerungszahl und Religionsverhältnisse der 26 deutschen Bundesstaaten.

	1890		1885 in Sa. 45 234 061 Einw.		
	qkm	Einwohn.	Evang.	Kathol.	Israelit.
1. Preussen mit Helgoland	348 347	29 959 388	17 633 279	9 706 283	363 790
2. Bayern	75 864	5 589 382	1 477 952	3 748 253	53 526
3. Sachsen	14 993	3 500 513	2 886 806	74 333	6 518
4. Württemberg	19 504	2 035 443	1 364 580	590 290	13 331
5. Baden	15 081	1 656 817	547 461	993 109	27 278
6. Hessen	7 680	994 614	635 523	269 397	26 746
7. Mecklenburg Schwerin	13 304	578 565	571 378	2 538	2 580
8. Sachs.-Weim.	3 593	325 824	297 735	10 267	1 248
9. Meckl.-Strel.	2 930	97 978	99 517	294	458
10. Oldenburg	6 420	355 000	260 799	74 254	1 654
11. Braunschweig	3 690	403 029	337 761	9 626	1 388
12. Sachs.-Mein.	2 468	223 920	202 970	2 274	1 627
13. Sachs.-Altenb.	1 324	170 867	154 187	741	33
14. S.-Cob. Gotha	1 968	206 329	192 025	2 062	490
15. Anhalt	2 347	271 759	226 241	4 541	1 752
16. Schwzb.-Sondsh.	862	75 514	70 452	412	212
17. Schwzb.-Rudolst.	940	85 838	79 832	398	45
18. Waldeck	1 121	57 283	53 995	1 576	854
19. Reuss ält. Linie	316	62 759	50 239	450	60
20. Reuss jüng. Linie	826	119 555	100 786	442	69
21. Schaumbg.-Lippe	340	39 183	34 519	521	295
22. Lippe	1 222	128 414	115 545	3 628	1 030
23. Lübeck	298	76 459	62 096	812	560
24. Bremen	256	180 309	150 156	5 574	766
25. Hamburg	409	624 199	420 003	12 063	16 024
26. Elsass-Lothr.	14 508	1 603 987	305 315	1 218 513	39 278
Deutsches Reich	540 522	49 422 928	28 331 152	16 232 651	561 612
		das sind	62,6%	35,9%	1,2%

Städte mit über 100 000 Einwohner 1890.

Berlin	1 579 244	Nürnberg	142 403
Hamburg	569 260	Stuttgart	139 659
Leipzig	354 894	Chemnitz	138 955
München	348 317	Elberfeld	125 830
Breslau	335 174	Bremen	125 511
Köln	281 273	Strassburg	123 545
Dresden	276 085	Danzig	120 459
Magdeburg	202 325	Barmen	116 248
Frankfurt a. M.	179 850	Stettin	116 239
Hannover	165 499	Krefeld	105 371
Königsberg i. Pr.	161 528	Aachen	103 491
Düsseldorf	144 628	Halle a. S.	101 401
Altona	143 249	Braunschweig	100 288

Friedensstärke des deutschen Heeres pro 1890.

511 481 Mann inkl. Offiziere

	Offiz.	Ärzte	Zhlm.	Mannsch.	Pferde
Nicht regimentierte Offiziere u. besondere Formationen	2 521	158	—	1 345	—
173 Reg. Inftr. m. 519 Bat.	10 564	1 050	529	318 851	—
19 Jäger-Bataillone	410	38	19	11 246	—
93 Kav.-Reg. m. 465 Eskadr.	2 351	231	96	65 940	63 620
43 Feld-Art.-Reg. m. 434 Batt.	2 363	240	154	48 797	26 092
21 Train-Bat. m. 62 Komp.	299	27	21	6 926	3 908
31 Batt. Fuss-Art.	728	33	32	17 319	30
100 Komp. Pioniere	587	49	28	12 813	—
277 Bez.-Kommand. (Landw.)	462	4	2	5 248	—
Summa	20 285	1 830	881	488 485[1]	93 650

[1]) inkl. Rossärzte. Büchsenmacher und Sattler.

Kriegsstärke des deutschen Heeres pro 1891.

Die gelegentlich einer Mobilmachung neu einzustellenden Feld-Reserve- und Besatzungstruppen können nicht angegeben werden, da die Anzahl geheim gehalten wird. Es kommen daher zunächst in Betracht:

	Mann
7 Jahrgänge des stehenden Heeres und dessen Reserve (1884—90) mit 10% Abgang ca.	1 062 000
5 Jahrgänge der Landwehr 1. Aufgebotes 1879—83 mit 20% Abgang ca.	605 500
7 Jahrgänge der Landwehr 2. Aufgebotes 1872—78 mit 30% Abgang ca.	690 000
6 Jahrgänge des Landsturms 2. Aufgebotes 1866—71 (Stärke ist wegen der Kriege nicht abzuschätzen).	?
Offiziere (einschl. der Reserve) ca.	36 000
Summa (ohne Landsturm und Ersatzreservisten	2 393 500

Festungen des Deutschen Reiches.

Boyen, Danzig, Diedenhofen, Düsseldorfer Brückenbefestigung, Friedrichsort, Germersheim, Glatz, Glogau, Ingolstadt, Koblenz, Kolberger Küstenbefestigungen, Köln, Königsberg, Königsstein, Küstenbefestigungen in Mecklenburg, an den Elbe-, Weser und Emsmündungen, Küstrin, Magdeburg, Mainz, Memel, Metz, Neisse, Neu-Breisach, Pillau, Posen, Rastatt, Saarlouis, Spandau, Sonderburg-Düppel, Stralsunder Küstenbefestigung, Strassburg, Swinemünde, Thorn, Torgau, Ulm, Wesel und Wilhelmshafen.

Bestand der deutschen Kriegsflotte 1890/91.

	Geschütze	Bemannung
12 Panzerschiffe	145	6 064
15 Gep. Küstenverteidiger	20	1 371
8 Kreuzerfregatten	116	3 451
11 Kreuzerkorvetten	116	2 813
7 Kreuzer III. Kl.	26	486
3 Kanonenboote	12	249
7 Avisos	18	835
10 Schulschiffe	72	1 880
107 Torpedoboote (8 grössere Fahrzeuge)	8	711
180 Fahrzeuge.	533	17 860

Flottenpersonal.

Offiziere: 1 kommand. Admiral, 1 Admiral, 3 Vize-Adm., 7 Kontre-Adm., 32 Kapt. z. See, 62 Korv.-Kapts., 123 Kapt.-Lts., 195 Lts. z. S., 147 U.-Lts. z. S. u. 12 pens. Offiziere = Sa. 583. Beamte: 5 Auditeure, 1 ev. Mar.-Ober-Pfarrer, 7 ev. u. 2 kath. Mar.-Pfarrer, 57 Masch.-Ing., 11 Intendanten u. 56 Int.-Beamte, 72 Zahlmstr., 4 Rendanten, 4 Kontrolleure u. 6 Aufs., 11 Büchsenm., 93 Ärzte, 31 Laz.-Insp., Krankenwärter etc., 34 Feuerwerks- u. Zeug-Offiziere, 36 Zeugbeamte, 25 Torpedo-Offiziere u. Ing. u. 7 Beamte, 42 Lotsen u. Beamte und 37 Büreaubeamte = Sa. 541.

2 Matrosendivis. zu je 2 Abt.: 241 Deckoffz., 84 Feldw., 150 Seekadetten, 1104 Matrosen-Unteroffz. u. Hoboisten und 8164 Matrosen = Sa. 9743.

2 Werftdivis.: 351 Deckoffz., 26 Feldw., 910 Unteroffz., 2732 Mann und 123 Laz.-Geh. = Sa. 4142.

1 Schiffsjungenabt.: 1 Deckoffz., 1 Feldw., 14 Unteroffz., 500 Jungen = Sa. 516.

1 Inspekteur der Mar.-Inftr., 2 Stabs-Offz. als Kommandeure des See-Bat., 10 Hauptl., 9 Prem.-Lts., 18 S.-Lts., 25 Feldw., 142 Unteroffz., 40 Spiell. u. 998 Seesoldaten = Sa. 40 Offz. u. 1205 Mann.

Gesamtsumme: 16770 Mann.

Die deutsche Handelsflotte 1889.

Küstenstaaten	Total			Davon Dampfer		
	Schiffe über 50 cbm Raumgehalt	Tons	Besatzung	Zahl	Tons	Besatzung
Hamburg	493	382 007	9 780	227	234 908	6 562
Preussen	2255	354 213	13 025	349	122 866	4 081
Bremen	341	325 594	8 569	118	124 256	5 312
Mecklenburg . .	231	82 685	2 489	20	6 602	249
Oldenburg . . .	287	79 836	2 033	12	5 663	156
Lübeck	28	9 559	362	24	8 284	324
oder						
Nordseeflotte . .	2372	908 217	25 452	408	382 477	12 615
Ostseeflotte . . .	1263	325 677	10 806	342	120 102	4 069
Handelsflotte 1889	3635	1 233 894	36 258	750	502 579	16 684
1888	3811	1 240 182	37 076	717	470 364	15 856
1887	4021	1 284 703	39 021	694	453 914	15 455
1886	4135	1 282 449	38 931	664	420 605	14 006
1885	4257	1 294 288	39 911	650	413 943	13 897

Statistisches über die Bevölkerung.

Nach den statistischen Erhebungen vom 1. Dezember 1890 verteilten sich die 49 422 928 Einwohner des deutschen Reiches auf:

		Einwohner		Einwohner
26	Grossstädte mit je über	100 000	zusammen mit	5 983 836
124	Mittelstädte » » »	20 000	» »	4 510 509
	Klein- und Landstädte		» »	38 928 583
			Sa.	49 422 928

Bewegung der Bevölkerung 1889.

Staaten	Eheschliessungen	Geburten inkl. Totgeborene	Todesfälle inkl. Totgeborene	Totgeborene	Überschuss der Geburten
Preussen . . .	240 996	1 136 719	724 916	42 089	411 803
Bayern . . .	39 515	205 950	154 364	6 708	51 586
Sachsen	31 790	147 978	95 331	5 339	52 647
Württemberg .	13 578	70 458	54 402	2 422	16 056
Baden	11 788	54 484	39 556	1 494	14 928
Hessen . . .	7 512	31 958	21 653	1 229	10 305
Elsass-Lothring.	10 393	48 894	37 732	1 632	11 162
Übrige Staaten	33 767	141 998	91 002	4 956	50 996
Sa. 1889	389 339	1 838 439	1 218 956	65 869	619 483
1888	376 654	1 828 379	1 209 798	66 972	618 581
1887	370 659	1 825 561	1 220 406	68 482	605 155
1886	372 326	1 814 499	1 302 103	68 366	512 396
1885	368 619	1 798 637	1 268 452	68 710	530 185

Auswanderung.

Die deutsche Auswanderung nach überseeischen Ländern betrug 1885: 110119, 1886: 83225, 1887: 104787, 1888: 103951, 1889: 96032, 1890: 91925 Personen.

Von den in den Jahren 1880/90 Ausgewanderten wurden befördert nach den Vereinigten Staaten von Amerika 1288048, nach Brasilien 18771, nach anderen Teilen von Amerika 17585, nach Afrika 3662, nach Asien 1232 und nach Australien 7909 Personen.

Ein Vergleich der deutschen Auswanderung mit derjenigen anderer Staaten vom Jahre 1888 ergibt: Deutschland 103951, Grossbritannien und Irland: 172500, Österreich-Ungarn 41600, Schweden und Norwegen 65950, Italien 47420, Russland 37300, Dänemark 8750, Niederlande 5450, Schweiz 7620, Frankreich 6870 Auswanderer.

Berufsstatistik.

Nach der Berufszählung vom 5. Juni 1882 waren erwerbsthätig

	Personen	mit dienenden und angehörigen Personen
in der Land- und Forstwirtschaft, einschl. Viehzucht und Gärtnerei	8236496	19225455
in der Industrie	6396465	16058080
in Handel und Verkehr	1570318	4531080
in wechselnder Lohnarbeit . . .	397582	938294
im Staats-, Gemeinde- u. Kirchendienst, sowie in freiem Berufe .	1031147	2222982
berufslos und ohne Berufsangabe	1354486	2246222
	18986494	45222113
darunter weibliche	4961228	23071364

Von den in Rubrik I bezeichneten erwerbsthätigen Personen treffen auf Landwirtschaft, Tierzucht und Gärtnerei 8120518, auf Forstwirtschaft und Jagd 91630, Fischerei 24348, Bergbau-, Hütten- und Salinenwesen 431707, Torfgräberei und Torfbereitung 9750, Industrie der Steine und Erden 331569, Metall-Industrie (ohne Eisen) 71490, Eisenverarbeitung 457224, Maschinen, Werkzeuge, Apparate 285192, chemische Industrie 57530, Leuchtstoffe, Fette, Harze 30867, Textil-Industrie 850859, Papier und Leder 220039, Holz- und Schnitzstoffe 521660, Nahrungs- und Genussmittel 663226, Bekleidung und Reinigung 1334007, Baugewerbe 946583, polygraphische Gewerbe 69643, künstlerische Gewerbe ohne Musik, Theater etc. 23893, Fabrikanten etc. ohne spezifische Angabe 91226, Handel 842269, Versicherung 11558, Landverkehr 352739, Wasserverkehr 84301, Beherbergung und Erquickung 279451.

Bodenbenutzung in Deutschland.

Die Erntefläche des Deutschen Reiches betrug im Jahre 1889/90 für Weizen 1956411 ha, Roggen 5801889 ha, Gerste 1685000 ha, Hafer 3886627 ha, Kartoffeln 2917720 ha, Wein 120935 ha, Tabak 1694304 ar. Die Erntefläche überhaupt: 1. für Getreide, d. i. Weizen, Roggen, Gerste, Hafer, Spelz, Einkorn und Buchweizen 13902696 ha, 2. Hülsenfrüchte, d. i. Erbsen, Ackerbohnen, Wicken, Lupinen 852463 ha, 3. Hackfrüchte, d. i. Kartoffeln und Rüben jeder Art 3314499 ha, 4. Handelsgewächse, d. i. Wein, Hopfen, Raps, Rübsen, Awehl, Biewitz 282343 ha, 5. Futterpflanzen, d. i. alle Arten Heu und Klee 8533590, die Gesamtfläche 54017062 ha.

Bei der Aufnahme vom 5. Juni 1882 ergaben sich 5276344 landwirtschaftliche Betriebe, davon hatten 2953455 kein gepachtetes Land, 946805 weniger, 546957 mehr als die Hälfte ihrer gesamten Wirtschaftsfläche gepachtetes Land und 829137 Betriebe hatten nur gepachtetes Land

Die Gesamtfläche der bewirtschafteten Flächen betrug 40 178 681 ha, davon waren 5 173 122 ha gepachtetes Land. Die Bewirtschaftung erfolgte in 391 746 Betrieben mit landwirtschaftlichen Maschinen, und zwar mit 836 Dampfpflügen, 63 842 Säemaschinen, 19 634 Mähmaschinen, 75 690 Dampfdreschmaschinen, 298 367 andere Dreschmaschinen, 2646 Lokomobilen, 2365 stehende Dampfkessel mit und 1159 ohne Triebwerk.

Der Viehstand in Deutschland.

Der Viehstand war Anfang 1883 der folgende: 3 522 316 Pferde, 15 785 322 Stück Rindvieh, 19 185 362 Schafe, 9 205 791 Schweine, 2 639 994 Ziegen, 9795 Maultiere, Maulesel, Esel und 1 911 748 Bienenstöcke.

Die gesamte Forstfläche besteht aus 48% Privatforsten, 32% Kron- und Staatsforsten, 15% Gemeindeforsten und 5% Stiftungs- und Genossenschaftsforsten. Das Nadelholz auf 9 100 557 ha verteilte sich wie folgt: auf 5 921 518 ha Kiefern, 46 054 ha Lärchen, 3 132 985 ha Fichten und Tannen. Das Laubholz auf 4 800 054 ha umfasst 432 999 ha Eichenschälwald, 44 351 ha Weidenheege, 434 655 ha sonstigen Stockausschlag ohne Oberbäume, 895 004 ha Stockausschlag mit Oberbäumen, 486 913 ha Eichen, 463 000 ha Birken, Erlen, Aspen und 2 043 132 ha Buchen und sonstiges Laubholz.

Der auswärtige Warenverkehr des deutschen Zollgebietes im Jahre 1890.

Warengattung	Einfuhr (In 100 kg = 1 Doppelzentner)	Ausfuhr (In 100 kg = 1 Doppelzentner)
Weizen	6 723 450	2 057
Roggen	8 764 483	1 193
Hafer	1 877 167	4 608
Gerste	7 350 278	64 251
Kartoffeln	987 892	905 781
Salz (Koch-, Siede-, Stein- u. Seesalz)	266 371	1 993 964
Kaffee (roher)	1 181 263	236
Zucker	59 896	7 964 159
Bier aller Art	270 608	774 529
Hopfen	13 522	119 435
Tabakblätter (unbearbeitete)	443 301	13 348
Cigarren	3 815	3 469
Petroleum	6 468 037	1 504
Steinkohlen	41 645 380	91 469 872
Bau- und Nutzholz	32 805 857	2 987 903
Baumwolle (rohe)	2 505 600	239 073
Schafwolle	1 286 139	90 197
Flachs und Hanf	1 166 867	613 676
Roheisen aller Art	3 853 275	1 168 654
Kupfer (rohes), Bruchkupfer	314 317	83 820

Einnahmen an Zöllen und gemeinschaftlichen Verbrauchssteuern im Deutschen Reich.

Bezeichnung der Einnahmen	Etatsjahr 1888/89	Etatsjahr 1889/90
Zölle	312 811	379 916
Tabaksteuer	10 912	11 576
Rübenzuckersteuer	78 514	136 571
Salzsteuer	41 921	41 089
Branntweinsteuer und Übergangsabgaben von Branntwein	141 037	150 467
Brausteuer und Übergangsabgabe von Bier	26 263	29 003
Summa:	611 458	748 622

Reichshaushaltsetat pro 1890/91.

A. Einnahmen.	Mark.
1. Zölle und Verbrauchssteuern	537 399 140
2. Reichsstempelabgaben	30 279 000
3. Post- und Telegraphenverwaltung (netto)	32 718 056
4. Reichsdruckerei (netto)	1 175 880
5. Eisenbahnverwaltung (netto)	20 003 000
6. Bankwesen	1 383 500
7. Verschiedene Verwaltungseinnahmen	11 535 483
8. Aus dem Reichsinvalidenfonds	25 837 893
9. Zinsen aus den belegten Reichsgeldern (Reichstagsgebäudefonds)	539 000
10. Aus der Veräusserung von Parzellen des ehemaligen Stettiner Festungsterrains	406 479
11. Matrikularbeiträge	302 172 427
12. Ausserordentliche Deckungsmittel	317 086 344
Summe der Einnahmen	1280 536 202

B. Fortdauernde Ausgaben.	Mark
1. Reichstag	383 370
2. Reichskanzler und Reichskanzlei	147 960
3. Auswärtiges Amt	8 835 515
4. Reichsamt des Innern	8 866 384
5. Verwaltung des Reichsheeres	385 523 850
6. Marineverwaltung	38 267 454
7. Reichsjustizverwaltung	1 860 096
8. Reichsschatzamt	303 509 268
9. Reichseisenbahnamt	299 830
10. Reichsschuld	46 622 500
11. Rechnungshof	555 048
12. Allgemeiner Pensionsfonds	37 958 563
13. Reichsinvalidenfonds	25 837 893
14. Besoldungsverbesserungen	12 688 065
Summe der fortdauernden Ausgaben	871 355 796

C. Einmalige Ausgaben.	Mark
1. Reichskanzler und Reichskanzlei	40 000
2. Auswärtiges Amt	5 185 800
3. Reichsamt des Innern	25 856 635
4. Post- und Telegraphenverwaltung	8 987 159
5. Reichsdruckerei	478 150
6. Verwaltung des Reichsheeres	296 662 144
7. Marineverwaltung	41 483 570
8. Reichsjustizverwaltung	150 000
9. Reichsschatzamt	4 348 200
10. Eisenbahnverwaltung	4 912 500
11. Fehlbetrag des Etatsjahres 1888/89	20 198 738
12. Betriebsfonds (zu eisernen Vorschüssen für die Verwaltung des Reichsheeres)	877 510
Summe der einmaligen Ausgaben	409 180 406
Summe der fortdauernden Ausgaben	871 355 796
Summe der Ausgaben	1280 536 202

Die Ausgaben für das Reichsbankdirektorium betragen 148 374 Mark.

Bestand der Reichsfonds.

Reichsinvalidenfonds: 476 649 023,55 Mark und 3 459 450 Südd. Gld. in Oblig. und 5 563 462,18 Mark bar.

Reichsfestungsbaufonds: 138 300 Mark in Oblig. u. 248,30 Mark bar.

Fonds für das Reichstagsgebäude: 16 520 400 Mark in Oblig. und 53,11 Mark bar.

Reichskriegsschatz: 120 000 000 Mark.

Bestand der Reichsschulden.

4% Reichsschuld.

Von den auf Grund Allerh. Erlasse vom 14/VI 77, 14/VI 78, 13/VI 79, 13/X 80, 25/IV u. 12/XII 81, 26/VI 82, 26/XI 83 u. 29/IX 84 ausgebenen 4% Reichsschuldverschreibungen ist der Nominalbetrag von 450 000 000 Mark zur Begebung gelangt.

3½% Reichsschuld.

Von der auf Grund Allerh. Erlasse vom 30/III 85, 4/VI 86, 18/XII 86, 16/VI 87, 5/III und 17/XII 88 ausgegebenen 3½% Reichsschuldverschreibung war Oktober 89 der Nominalbetrag von 534 898 700 Mark zur Begebung gelangt. Der nach vorbezeichneten, sowie Allerh. Erlass vom 7/IX 89 durch Begebung 3½% Reichsanleihe zu beschaffende Effektivbetrag beziffert sich auf 801 510 838,47 Mark.

Etat der 26 deutschen Bundesstaaten und Übersicht über die Matrikularbeträge und Staatsschulden derselben.

	Etats-periode	Einnahmen	Ausgaben	Matrikularbeiträge 1890/91	Staatsschulden
Deut. Reich	90/91	1280 536 202	1280 536 202	—	1 251 510 838
Preussen	,,	1593 093 513	1593 093 513	176 524 157	5 204 724 261
Bayern	,,	165 460 318	280 291 642	39 644 667	1 336 091 259
Sachsen	,,	92 566 064	92 566 064	19 829 655	647 886 900
Württemberg	,,	61 940 181	61 940 181	14 568 459	425 471 326
Baden	,,	50 145 456	49 150 612	11 003 328	7 675 751
Hessen	88/91 je	21 884 025	21 453 974	5 963 219	29 839 360[1]
Meckl.-Schw.	—	—	—	3 585 230	40 386 600[2]
Sachs.-Weim.	90/92 je	7 696 040	7 696 040	1 956 993	5 844 565
Meckl.-Strel.	—	—	—	613 199	—
Oldenburg	1890	6 025 360	6 025 360	2 128 908	36 719 202
Braunschweig	,,	12 106 100	12 106 100	2 321 692	67 883 063[3]
Sachs.-Mein.	90/92 je	6 393 780	5 716 280	1 339 486	12 763 661[4]
Sachs.-Altenb.	,,	3 322 554	3 322 539	1 006 467	911 678[5]
Sachsen-Cob.-Gotha	89/93 je	2 446 693	1 429 680	1 239 406	3 408 768[6]
Anhalt	90/91	10 610 000	10 610 000	1 546 952	2 683 188[7]
Schwarzb.-S.	88/91 je	2 462 449	2 462 449	458 824	3 589 221
Schwarzb.-R.	88/90 je	2 234 200	2 234 200	522 594	4271 200[8]
Waldeck	1891	1 187 810	1 187 810	352 665	2 245 500
Reuss ä. L.	,,	1 081 778	1 081 778	348 479	213 750
Reuss j. L.	90/92 je	1 771 220	1 754 341	689 415	1 040 550
Schaumb.-L.	90/91	730 145	733 176	231 914	510 000
Lippe	1890	1 032 309	1 023 119	768 046	1 671 899
Lübeck	,,	3 459 816	3 459 816	421 749	13 586 490
Bremen	89/90	17 621 841	13 910 682	1 032 450	62 173 650
Hamburg	1890	51 528 200	52 855 800	3 232 835	236 767 784
Elsass-Lothr.	90/91	45 475 486	44 369 546	10 821 638	782 310

Verfassung des Deutschen Reiches.

Das Deutsche Reich ist im November 1870 durch Verträge des Norddeutschen Bundes mit Bayern, Württemberg, Baden und Hessen neubegründet worden. Diese Verträge sind am 4. April 1871 ersetzt worden durch die Verfassung des Deutschen Reiches. Preussen nimmt in dem deutschen Staatenbund die Präsidialstellung ein, seine Könige sind seit 18. Juni 1871 zugleich erbliche deutsche

Aktiva [1]) 5 613 045, [2]) 29 648 000, [3]) 41 753 392, [4]) 10 687 539, [5]) 6 740 900, [6]) 1 317 975, [7]) 1 880 865, [8]) 2 337 100.

Kaiser. **Der Kaiser** führt den Oberbefehl über das Reichsheer und die Kriegsmarine. Es obliegt ihm die völkerrechtliche Vertretung des Reiches, die oberste Leitung der vom Reich ressortierenden Verwaltungsangelegenheiten, die Ausfertigung und Verkündigung der Reichsgesetze, die Überwachung der Ausführung derselben und die Ernennung der Reichsbeamten.

Der Bundesrat besteht aus den Vertretern der einzelnen Bundesregierungen. Die Zahl der Stimmen in demselben ist nach dem Verhältnis der Grösse der einzelnen Staaten geordnet. Preussen hat 17, Bayern 6, Sachsen und Württemberg je 4, Baden und Hessen je 2 Stimmen, die übrigen Bundesstaaten je eine; zusammen beträgt die Stimmenzahl 58. Den Vorsitz im Bundesrat führt der Reichskanzler. Der Bundesrat beschliesst über die dem Reichstage zu machenden Vorlagen, über Reichstagsbeschlüsse, über Auflösung des Reichstags, über Verwaltungsvorlagen und Einrichtungen, welche zur Ausführung der Reichsgesetzgebung erforderlich sind. Der Bundesrat entscheidet ferner über die Kriegserklärung im Namen des Reiches, vorausgesetzt dass nicht ein Angriff auf das Bundesgebiet oder dessen Küsten erfolgt ist, über die Exekution bei Nichterfüllung verfassungsmässiger Bundespflichten seitens der Bundesmitglieder. Der Bundesrat stellt die Beiträge an Zöllen und Verbrauchsabgaben fest, welche von den Kassen der Bundesstaaten der Reichskasse zukommen. Er beschliesst über die Entlastung der Rechnungen von der Verwendung aller Einnahmen des Reiches. Es steht ihm ferner die Entscheidung zu über Streitigkeiten zwischen verschiedenen Bundesstaaten, sofern dieselben nicht privatrechtlicher Natur sind, ferner über Verfassungsstreitigkeiten in solchen Bundesstaaten, in deren Verfassung nicht eine Behörde zu solchen Entscheidungen bestimmt ist und über Beschwerden wegen verweigerter oder gehemmter Rechtspflege.

Der Bundesrat wählt die Mitglieder des Bundesamtes für das Heimatwesen, des Disziplinarhofes und der Disziplinarkammern, des Patentamtes, des Reichsgerichts, den Oberreichsanwalt und die Reichsanwälte, des Rechnungshofes, drei Mitglieder des Reichs bankkuratoriums, 4 Mitglieder der Reichsschuldenkommission etc.

Der Reichstag. Der Reichstag geht aus allgemeinen und direkten Wahlen mit geheimer Abstimmung hervor. Auf je 100000 Seelen wird ein Abgeordneter gewählt, doch soll jeder Bundesstaat wenigstens einen stellen. Jeder unbescholtene Deutsche ist nach vollendetem 25. Lebensjahre wählbar. Bei den Reichstagswahlen vom Jahre 1890 waren von 10145877 Wahlberechtigten 397 Abgeordnete zu wählen, und zwar aus Preussen 236, Bayern 48, Sachsen 23, Württemberg 17, Baden 14, Hessen 9, Schwerin 6, Weimar, Oldenburg, Braunschweig, Hamburg je 3, Meiningen, Coburg-Gotha und Anhalt je 2, Elsass-Lothringen 15 und den übrigen Bundesstaaten je 1.

Die Verhandlungen des Reichstags sind öffentlich. Wahrheitsgetreue Berichte über Verhandlungen in den öffentlichen Sitzungen des Reichtags bleiben von jeder Verantwortung frei. Der Reichstag hat das Recht innerhalb der Kompetenz des Reiches Gesetze vorzuschlagen und an ihn gerichtete Petitionen dem Bundesrate und dem Reichskanzler zu überweisen. Die Legislaturperiode des Reichstages dauert 5 Jahre. Zur Auflösung des Reichstages während derselben ist ein Beschluss des Bundesrates unter Zustimmung des Kaisers erforderlich. Im Falle der Auflösung des Reichstags müssen innerhalb 60 Tagen nach derselben die Wähler und innerhalb 90 Tagen nach der Auflösung der Reichstag versammelt werden. Ohne Zustimmung des Reichstags darf die Vertagung desselben die Frist von 30 Tagen nicht übersteigen und während derselben Session nicht wiederholt werden. Der Reichstag beschliesst nach absoluter Stimmenmehrheit. Zur Gültigkeit der Beschlussfassung ist die Anwesenheit der Mehrheit der gesetzlichen Anzahl der Mitglieder erforderlich. Die Mitglieder des Reichstags sind Vertreter des gesamten Volkes und an Aufträge und Instruktionen nicht gebunden. Kein Mitglied des Reichstags darf zu irgend einer Zeit wegen seiner Abstimmung oder wegen der in Ausübung seines Berufes gethanen Äusserungen gerichtlich oder disziplinarisch verfolgt oder sonst ausserhalb der Versammlung zur Verantwortung gezogen werden. Auf Verlangen des Reichstags wird jedes Strafverfahren gegen ein Mitglied desselben und jede Untersuchungs- oder Zivilhaft für die Dauer der Sitzungsperiode aufgehoben. Die Mitglieder des Reichstags dürfen als solche keine Besoldung oder Entschädigung beziehen.

Die Verwaltung des Deutschen Reiches.

Der Reichskanzler. Die Spitze der gesamten Reichsverwaltung ist der Reichskanzler General der Infanterie von Caprivi, Präsident des kgl. preussischen Staatsministeriums, Minister der auswärtigen Angelegenheiten. Der Reichskanzler führt den Vorsitz im Bundesrat. Er leitet die verfassungsmässigen Angelegenheiten des Reichs, überwacht die Ausführung der Reichsgesetze, gegenzeichnet die Verfügungen und Anordnungen Sr. M. des Kaisers, deren Verantwortung er damit übernimmt. Die Reichskanzlei, das Zentralbureau des Reichskanzlers vermittelt den amtlichen Verkehr mit den Chefs der einzelnen Ressorts. Unter der unmittelbaren Leitung des Reichskanzlers stehen: das Auswärtige Amt, das Reichsamt des Innern, das Reichs-Marineamt, das Reichsjustizamt, das Reichsschatzamt, das Reichseisenbahnamt, der Rechnungshof des Deutschen Reiches, die Verwaltung des Reichsinvalidenfonds, das Reichspostamt, das Reichsamt für die Verwaltung der Reichseisenbahnen, die Reichsbank und die Reichsschuldenkommission.

I. Das Auswärtige Amt zerfällt in 3 Abteilungen, deren erste IA sich mit den Angelegenheiten der höheren Politik, deren zweite IB, sich mit den Personalien, Generalien, Zeremonalien, Ordens-, Etats- und Kassasachen, mit Angelegenheiten der Kunst und Wissenschaft, mit kirchlichen Angelegenheiten und dergleichen beschäftigt. In die dritte Abteilung, II, fallen die Angelegenheiten des Handels und Verkehrs, das Konsulwesen, die Staats- und zivilrechtlichen Angelegenheiten, die Privatangelegenheiten der Deutschen im Ausland, die Gegenstände, welche das Justiz-, Polizei- und Postwesen, die Auswanderung, die Schiffsangelegenheiten, die Grenzsachen und Ausgleichungen mit fremden Staaten betreffen. Die Arbeiten werden ausgeführt von einem Zentral- und Depeschen-Büreau, dem Chiffrierbüreau, der geheimen Registratur, der geheimen Kanzlei und der Legationskasse. Dem auswärtigen Amt sind unterstellt: 6 Botschaften, und zwar für Frankreich, Grossbritannien, Italien, Österreich-Ungarn, Russland und Türkei, 13 Gesandtschaften, und zwar für Belgien, Brasilien, China, Dänemark, Griechenland, Japan, Niederlande, Portugal, Rumänien, Schweden und Norwegen, Schweiz, Spanien und für die Vereinigten Staaten von Nordamerika, 9 Ministerresiduren: Chile, Columbien, Marokko, Mexiko, Peru, La Plata-Staaten, Serbien, Venezuela und Zentralamerika, endlich 56 Berufs- und 585 Wahlkonsulate. Die Konsuln sind bestimmt, das Interesse des Reiches und seiner Angehörigen an ausserdeutschen Handelsplätzen, namentlich in Bezug auf Handel, Schiffahrt und Verkehr zu schützen und zu fördern. Die Ernennung der Konsuln erfolgt vom Kaiser, welchem auch die Bestätigung fremder Konsuln im Reiche zusteht, die Bestätigung von Konsuln für die Einzelstaaten im Reiche steht indes diesen zu. Aufgabe der Konsuln ist die Legalisation von Urkunden, Ausstellung von Attesten, Aufnahme von Notariatsakten, Sicherstellung von Verlassenschaften, die Vornahme von Zustellungen und die Abgabe schiedsrichterlicher Entscheidungen, die Erteilung von Pässen und der Schutz und die Kontrolle der heimatlichen Schiffe.

2 Das Reichsamt des Innern besteht aus einer Zentralabteilung und einer Abteilung für wirtschaftliche Angelegenheiten. Ihm fällt die Führung der auf den Bundesrat, den Reichstag und die Reichstagswahlen bezüglichen Geschäfte zu. Zu seinem Geschäftskreis gehören ferner die Handels- und Gewerbe-Angelegenheiten, das Bankwesen, die Versicherungen, die Angelegenheiten des geistigen Eigentums und der Patente, die See-, Flussschiffahrt und Flösserei, die Medizinal- und Veterinär-Polizei, die Angelegenheiten der Presse und Vereine, die allgemeinen Angelegenheiten der Reichsbehörden und der Reichsbeamten, die Aufsicht über den Disziplinarhof und die Disziplinarkammern, die Indigenats-. Heimats-, Niederlassungs-, Freizügigkeits- und Auswanderungssachen und die Reichsstatistik. Von dem Reichsamte des Innern ressortieren: 1. Der Reichs-Kommissarius mit der Aufgabe, die Transportsicherheit und die gesundheitlichen Interessen der Auswanderer wahrzunehmen. 2. Die Reichsschulkommission zum Zweck der Begutachtung von Anträgen auf Anerkennung der Berechtigung von Lehranstalten zur Ausstellung von Zeugnissen für den Einjährig-Freiwilligen-Dienst. 3. Die technische Kommission für Schiffahrt zur Abgabe von Gutachten. 4. Die Reichsprüfungs-Inspektoren zur Erteilung von Befähigungsnachweisen für Schiffer zur kleinen und grossen Fahrt. 5. Die Reichs-Schiffsvermessungs-Inspektoren zur Feststellung der Ladefähigkeit der Schiffe. 6. Das Bundesamt für das Heimatwesen als letzte Berufsinstanz in Streitigkeiten zwischen Armenverbänden verschiedener Staaten. 7. Die entscheidenden Disziplinarbehörden zur Entscheidung über die Entfernung aus dem Amte von Reichsbeamten, gegen welche das Disziplinarverfahren eingeleitet ist. Disziplinarkammern bestehen zu Arnsberg, Bremen, Breslau, Bromberg, Cöslin, Danzig, Darmstadt, Düsseldorf, Erfurt, Frankfurt a. M., Frankfurt a. O. Der Disziplinarhof als zweite Instanz in Leipzig.. 8. Die Behörden zur Untersuchung von Seeunfällen, bestehend aus dem Oberseeamt und den Reichskommissaren bei den Seeämtern zur Entscheidung über die Belassung oder die Verweigerung, der Befugnis zur ferneren Ausübung ihres Gewerbes von bei Seeunfällen beteiligten Schiffern und Steuerleuten. 9. Das statistische Amt zur periodischen Aufnahme der Bevölkerung im Reiche und statistischen Erhebungen für die Reichsverwaltungsbezirke. 10. Die Normal-Eichungs-Kommission für das Reich mit Ausnahme Bayerns zur Prüfung und Stempelung der Masse und Gewichte. 11. Das Gesundheitsamt, technische Behörde für Medizinal- und Veterinärverhältnisse. 12. Das Patentamt zur Erteilung von Patenten auf Erfindungen. Ausgeschlossen von der Patentierung sind Nahrungs-, Genuss- und Arzneimittel und Chemikalien. 13. Die Reichskommission zur Entscheidung über Beschwerden gegen Verbote von Vereinen und Druckschriften, welche den Umsturz der bestehenden Gesellschaftsordnung bezwecken. 14. Das Reichsversicherungsamt. 15. Die physikalisch-technische Reichsanstalt. 16. Die Zentraldirektion der Monumenta Germaniae historica. 17. Der Reichsinspektor für das Seezeichenwesen. 18. Der Bau des Nord-Ostseekanals und des Reichstagsgebäudes.

3. Das Reichs-Marineamt. Oberbehörden: Oberkommando der Marine und Reichs-Marine-Amt; beide in Berlin. Die Kriegsmarine, aus Flotte und Seewehr bestehend, steht wie bei dem Landheer unter dem Oberbefehl Sr. Majestät des Kaisers und Königs Wilhelm II. Die Kommandogewalt des Kaisers ist eine unverantwortliche, von der Volksvertretung unabhängige; für die Marineverwaltung ist jedoch der Reichskanzler dem Reichstag verantwortlich. Aufgabe des Oberkommandos der Marine ist die Verwendung der Streitkräfte im Krieg und Frieden, die Sicherstellung der militärischen Leistungsfähigkeit der Marine,. Mobilmachung, Ersatz- und Invalidenwesen und Ausbildung des militärischen Personals der Reichskriegsmarine. Die nötigen Mittel für diese Zwecke zu beschaffen, ist Sache der Marineverwaltung. Beide Funktionen, sowohl Kommando als Verwaltung, wurden bisher von der Kaiserl. Admiralität wahrgenommen; seit 1889 ist jedoch eine Scheidung und eine getrennte Organisation des Oberkommandos auf der einen und der Marineverwaltung auf der andern Seite herbeigeführt. Die Verwaltung ist nun dem Reichs-Marine-Amt übertragen an dessen Spitze ein Staatssekretär steht. In dem Oberkommando ist jetzt eine Zentralstelle geschaffen, welcher die Kommandoführung über die im Dienst befindlichen Geschwader und Schiffe und die Kommandobehörden am Land obliegt; an der Spitze steht der kommandierende Admiral der Kriegsmarine des Reichs.

Ressorts: Militärische Abteilung, Marinedepartement, Verwaltungsdepartement, Hydrographisches Amt, 1. Kommando der Marinestation der Ostsee — Kiel, 2. Kommando der Marinestation der Nordsee — Wilhelmshaven, Inspektion der Marineartillerie — Wilhelmshaven, Inspektion der Marineinfanterie — Kiel, Inspektion des Torpedowesens — Kiel, Direktion des Bildungswesens der Marine.

Technische Institute: Werft Danzig, Kiel und Wilhelmshaven. Artilleriedepot: Friedrichsort, Wilhelmshaven, Geestemünde und Cuxhaven. Minendepot: Wilhelmshaven, Geestemünde und Cuxhaven. Torpedodepot: Friedrichsort. Schiffsprüfungs-Kommission: Kiel. Torpedo-Versuchskommando: Kiel. Deutsche Seewarte: Hamburg.

4. Das Reichsjustizamt. Ihm liegt die Vorbereitung und Vertretung von Gesetzentwürfen, die Bearbeitung der Ausführungs-Bestimmungen, sowie die das Reichsgericht betreffende Justizverwaltung ob. Von ihm ressortiert das Reichsgericht in Leipzig. Die Aufgabe des letzteren ist die Wahrung der Rechtseinheit in gleichmässiger Auslegung der Reichsgesetze. Das Reichsgericht besteht aus mehreren Zivil- und Strafsenaten, welche bei abweichender Ansicht zu vereinigten Zivil- und Strafsenaten zusammentreten. Das Reichsgericht entscheidet über Hoch- und Landesverrat gegen Kaiser und Reich.

5. Das Reichsschatzamt, die oberste Finanzbehörde des Reiches, besorgt das Etats-, Kassen- und Rechnungswesen des Reichs, die Münz-, Reichspapiergeld- und Reichsschulden-Angelegenheiten die Verwaltung des Reichs-Vermögens und die Bearbeitung der Zoll- und Steuersachen. Von ihm ressortieren: 1. die Reichshauptkasse, eine Geschäftsabteilung der Reichsbank-Hauptkasse, 2. die Verwaltung des Reichskriegsschatzes, 3. die Reichsschuldenkommission, 4. die Reichsbevollmächtigten und Stationskontrolleure für die Kontrolle der Zölle und Verbrauchssteuern, 5. die kaiserlichen Hauptzollämter in den Hansestädten und 6. die Reichsrayon-Kommission. Letztere entscheidet endgültig über Beschwerden gegen die von den Festungs-Kommandanturen angeordneten Beschränkungen der Benutzung des Grundeigentums.

6. Das Reichseisenbahnamt. Dasselbe hat das Aufsichtsrecht über das Eisenbahnwesen wahrzunehmen, für die Ausführung der bestehenden einschlägigen Bestimmungen Sorge zu tragen und auf Abstellung hervortretender Mängel und Missstände hinzuwirken.

7. Der Rechnungshof des Deutschen Reiches zur Kontrolle des gesamten Haushaltes des Reiches.

8. Verwaltung des Reichs-Invalidenfonds. Ihm liegt die Verwaltung dieses sowie des Reichs-Festungsbaufonds und Fonds für die Errichtung des Reichstagsgebäudes ob.

9. Reichs Postamt. Mit Post- und Telegraphen- und einer Abteilung für die gemeinsamen Verwaltungs-Angelegenheiten. Das Post- und Telegraphenwesen wird in den einzelnen Bezirken von Reichsbehörden unter der Bezeichnung Ober-Postdirektion geführt.

Unter diesen stehen die Postämter, Telegraphenämter und Postagenturen. Von dem Reichs-Postamt ressortiert die Direktion der Reichsdruckerei.

10. Reichsamt für die Verwaltung der Reichseisenbahnen. Von demselben ressortiert die General-Direktion der Eisenbahnen in Elsass-Lothringen zu Strassburg.

11. Reichsbank. Die Reichsbank ist ein mit einem Grundkapital von 120 Millionen Mark ausgestattetes Privat-Institut und hat die Aufgabe, den Geldumlauf im Reiche zu regeln, Zahlungsausgleichungen zu erleichtern und für die Nutzbarmachung verfügbaren Kapitals zu sorgen. Sie hat ihren Hauptsitz in Berlin und Zweigniederlassungen an allen bedeutenderen Handelsplätzen des Reichs. Sie geniesst Freiheit von der Staatssteuer, besitzt juristische Persönlichkeit und das Recht, nach Bedarf Noten auszugeben, für welche jedoch stets Deckung zu $^1/_3$ in kursfähigem Geld und zu $^2/_3$ in diskontierten Wechseln vorhanden sein muss. Dem Reich ist ein Anteil an den Überschüssen, das Recht der Übernahme der Bank zum 1. Januar 1891 und demnächst von 10 zu 10 Jahren, sodann die Aufsicht und Leitung vorbehalten. Erstere wird durch das Bank-Kuratorium, letztere unter dem Reichskanzler durch das Reichsbank-Direktorium wahrgenommen, während die Anteilseigner ihre Beteiligung durch die Generalversammlung und den Zentralausschuss ausüben.

12. Die Reichs-Schuldenkommission zur Aufsicht über die Reichs Schuldenverwaltung, zur Kontrolle über die Verwaltung des Reichskriegsschatzes, des Reichsinvalidenfonds und über die An- und Ausfertigung, Einziehung und Vernichtung der Banknoten der Reichsbank.

13. Reichsversicherungsamt. Ihm obliegt die Kontrolle richtiger Ausführung der gesetzl. und statutarischen Vorschriften der infolge des Unfallversicherungsgesetzes gebildeten (auf S. 84 bezeichneten) und ihm unterstellten Berufsgenossenschaften.

Mitglieder des deutschen Reichstages in der 8. Legislaturperiode 1890—1895 mit Angabe ihrer politischen Richtung und ihres Wahlkreises.

Abkürzungen: K = Deutschkonservativ, RP = Reichspartei, C = Centrum, P = Pole, NL = Nationalliberal, Fr = Deutschfreisinnig, V = Volkspartei, SD = Sozialdemokrat, EL = Elsass-Lothr., KF = Bei keiner Fraktion.

Ackermann 6 Sachsen K, Adelmann von Adelmannsfelden 13 Württ. C, Adt 4 Pfalz NL, Aichbichler 4 Oberbayern C, Althaus 5 Potsdam Fr, v. Arenberg 1 Aachen C, v. Arnim 10 Liegnitz RP, v. Arnswaldt-Böhme 5 Hannover C, v. Arnswaldt-Hardenbostel 6 Hannover C, Auer 17 Sachsen SD, Bachem 11 Düsseldorf C, v. Ballestrem 2 Oppeln C, Bamberger 8 Hessen Fr, v. Bar 5 Mecklbg.-Schwerin Fr, Barth 8 Liegnitz Fr, Baumbach Altenburg RP, Dr. Baumbach 5 Berlin Fr, Bebel 1 Hamburg SD, Beckmann 3 Münster C, v. Behr 2 Stralsund RP, v. Benda 6 Magdeburg NL, Bender 2 Coblenz C, v. Bennigsen 18 Hannover NL, Berling 10 Schlesw.-Holst. Fr, Biehl 1 Schwaben C, Birk 1 Oberbayern SD, v. Bismarck 19 Hannover KF, Blos 1 Braunschweig SD, Dr. Bock 2 Aachen C, Bock W., 4 Magdeburg SD, Bock K., 1 Minden K Böckel 5 Kassel KF, Bödiker 6 Köln C, Böttcher Waldeck NL Bohtz 5 Frankfurt K, Braun 16 Württ. C, v. Bredow 1 Merseburg K, Broemel 4 Stettin Fr, Brüel 15 Hannover C, Brünings 3 Pfalz NL, Bruhns Bremen SD, Brunck 6 Pfalz NL, Buddeberg 1 Sachsen Fr, Bürklin 2 Pfalz NL, Büsing 2 Mecklbg.-Schw. NL, Buhl 5 Pfalz NL v. Buol-Berenberg 14 Baden C, Burlein 5 Unterfranken C, v. Busse 5 Cöslin K, v. Carmer 1 Breslau K, Carolath-Schönaich 7 Frankfurt KF, Cegielski 1 Posen P, v. Chamaré 13 Breslau C, Clemm 1 Pfalz NL, v. Colmar 1 Bromberg K, v. Cuny 4 Coblenz NL, Fürst Czartoryski 5 Posen P, Prinz Czartoryski 4 Posen P, v. Dalwigk

Lichtenfels 12 Düsseldorf C, von der Decken 7 Hannover KF, v. d. Decken 14 Hannover KF, Delles 14 Els.-Lothr. KF, Dieden 2 Trier C, v. Dietrich 10 Els.-Lothr. KF, Dietz 2 Hamburg SD, Dillinger 9 Baden V, Dodillet 3 Gumbinnen K, v. Dönhoff-Friedrichstein 4 Königsberg K, Dohna-Schlobitten 1 Danzig K, Dohrn 2 Merseburg Fr, Douglas 13 Baden K, Dreesbach 11 Baden SD, Droste zu Vischering 7 Kassel C, v. Dziembowski-Pomian 8 Posen P, Eberty 10 Breslau Fr, Evers 3 Minden C, v. Feustel 2 Oberfranken NL, Fischer 5 Oberbayern C, v. Flügge 6 Stettin K, Förster Reuss ä. L. SD, v. Forkenbeck 2 Liegnitz Fr, Franckenstein 3 Unterfranken C, Franz 3 Oppeln C, v. Frege 14 Sachsen K, Friedländer 5 Liegnitz Fr, v. Friesen 7 Sachsen K, Fritzen 3 Coblenz C, Fritzen 9 Düsseldorf C, Frohme 8 Schlw.-Holst. SD, Funck 1 Wiesbaden Fr, v. Gagern 4 Oberfranken C, v. Galen 3 Oldenburg C, Gamp 8 Marienwerder RP, Gehlert 20 Sachsen RP, v. Gerlach 3 Cöslin K, Geyer 13 Sachsen SD, Giese 11 Sachsen K, v. Gliszcynski 8 Oppeln C, Goeser 17 Württ. C, Goetz 12 Sachsen NL, Goldschmidt 5 Breslau Fr, Graf Sigmaringen C, v. Grand-Ry 6 Coblenz C, Greiss 1 Köln C, Grillenberger 1 Mittelfranken SD, Gröber 15 Württ. C, Grumbt 8 Sachsen RP, v. Gültlingen 7 Württ. RP, Günther 8 Merseburg NL, Guerber 4 Els.-Lothr. KF, v. Gustedt-Lablacken 2 Königsberg K, Gutfleisch 2 Hessen Fr, Haanen 4 Trier C, Haberland 4 Nieder bayern C, Hacke 2 Hannover Fr, Haehnle 14 Württ. V, Hänel 7 Schlw.-Holst. Fr, Haerle 3 Württ. V, Hahn 3 Bromberg K, v. Hake 10 Hannover C, Hammacher 6 Düsseldorf NL, Handjery 10 Potsdam K, Harm 2 Düsseldorf SD, Harmening 2 Weimar Fr, Hartmann 23 Sachsen K, Hastedt 17 Hannover NL, v. Hatzfeldt-Trachenberg 2 Breslau RP, Haus 1 Unterfranken C, Haussmann 9 Württ. V, Heereman v. Zuydwyk 2 Münster C, Heine 7 Magdeburg SD, v. Helldorff 7 Marienwerder K, v. Hellmann 6 Posen RP, Hempel 3 Sachsen K, v. Henk 2 Stettin K, Hermes 8 Potsdam Fr, Dr. Hermes 7 Liegnitz Fr, Hesse 4 Minden C, Hickel 2 Els.-Lothr. SD, Hilpert 2 Oberpfalz C, Hinze 1 Oldenburg Fr, Hirsch 3 Merseburg Fr, Hitze 5 Aachen C, Höffel 11 Els.-Lothr. RP, von und zu Hoensbroech 7 Düsseldorf C, Hoffmann 2 Sachsen NL, Hohenlohe-Öhringen 1 Oppeln K, v. Holstein 9 Schlw.-Holst. K, Holtz 5 Marienwerder RP, Holtzmann 21 Sachsen NL, v. Hompesch 4 Aachen C, Horn 12 Oppeln C, v. Hornstein 2 Baden KF, Horwitz 3 Erfurt Fr, Hosang 5 Magdeburg NL, van Hülst 1 Hannover NL, v. Huene 8 Breslau C, Hug 1 Baden C, Hultzsch 5 Sachsen K, v. Jagow 2 Magdeburg K, v. Jagow (Rühstädt) 1 Potsdam K, v. Jazdzewski 9 Posen P, Jebsen 2 Schlw.-Holst. NL, Jeschke 8 Frankfurt Fr, Joest 9 Hessen SD, Johannsen 1 Schlw.-Holst. KF Jordan 1 Liegnitz Fr, v. Kanitz 2 Gumbinnen K, v. Kardorff 3 Breslau RP, Kauffmann 5 Wiesbaden Fr, v. Kehler 10 Düsseldorf C, Keller 6 Mittelfranken NL, Kercher 4 Württ. V, Kersting 8 Arnsberg C, v. Keudell 1 Stralsund RP, Kirchhammer 6 Niederbayern C, v. Kleist-Retzow 2 Minden K, v. Kleist-Schmenzin 4 Cöslin K, Klemm 4 Sachsen K, Klose 9 Oppeln C, Knörcke Schwarzburg-Rudolstadt Fr, Koch 2 Potsdam Fr, Kochan 5 Coblenz C, v. Komierowski 5 Bromberg P, v. Koscielski 4 Bromberg P, v. Kossowski 5 Danzig P, Kraemer 1 Coblenz NL, Krause 6 Merseburg Fr. Krebs 6 Königsberg C, Kropatscheck 9 Potsdam K, Küchly 15 Els.-Lothr. KF, Kunert 4 Merseburg SD, Kurtz 22 Sachsen K, Kwilecki 2 Posen P, Landes 6 Schwaben C, Lang (Schlettstadt) 6 Els.-Lothr. KF, Lange (Liegnitz) 6 Liegnitz Fr, Langerfeldt Schaumburg-Lippe KF, Langerhans 3 Arnsberg Fr, Lauck 4 Baden C, Leemann 11 Württ. NL, Lehemeir 8 Oberbayern C, Lehner 5 Oberpfalz C, Lender 8 Baden C, Leonhard 5 Niederbayern C, Lerzer 3 Oberpfalz C, Letocha 6 Oppeln C, Leuschner 5 Merseburg RP, v. Levetzow 3 Frankfurt KF, Lieber 3 Wiesbaden C, Liebermann v. Sonnenberg 3 Kassel KF, Liebknecht 6 Berlin SD, Limbourg 1 Trier C, Lingens 5 Köln C, Lorenzen 3 Schlw.-Holst. Fr, Lucius 4 Erfurt RP, Lüders 9 Liegnitz Fr, Lutz 5 Mittelfranken K, Maager 3 Liegnitz Fr,

v. Maltzahn - Vanselow 1 Stettin K, Manges 12 Els.-Lothr. KF, v. Manteuffel 10 Frankfurt K, Marbe 5 Baden C, v. Marquardsen 7 Hessen NL, v. Massow 2 Cöslin K, Matuschka v. Toppolczan 10 Oppeln C, Mayer 1 Niederbayern C, Mehnert 10 Sachsen K, Meister 8 Hannover SD, Menken 2 Köln C, Menzer 12 Baden K, Merbach 9 Sachsen RP, Metzger 3 Hamburg SD, Metzner 4 Oppeln C, Mey 2 Danzig C, v. Meyer 1 Frankfurt K, Dr. Meyer 1 Berlin Fr, v. Minnigerode 13 Hannover KF, v. Mirbach 7 Gumbinnen K, Möller 6 Arnsberg NL, Molkenbuhr 6 Schlw.-Holst. SD, Mooren 3 Aachen C, v. Moszczenski 7 Posen P, Müllensiefen 5 Arnsberg NL, Müller W., 1 Marienwerder RP, Müller Ed., 7 Oppeln C, Münch 4 Wiesbaden Fr, v. Münch 8 Württ. KF, Munckel 3 Berlin Fr, Neckermann 6 Unterfranken C, Nels 1 Trier C, Neumann 13 Els.-Lothr. KF, v. Normann 7 Stettin K, North 9 Els.-Lothr. NL, Öchelhäuser 2 Anhalt NL, v. Örtzen Mecklenbg.-Stre. K, v. Olenhusen 12 Hannover C, Orterer 5 Schwaben C, Osann I 4 Hessen NL, von der Osten 3 Stettin K, Pachnicke 3 Mecklbg.-Schw. Fr, Panse 7 Merseburg Fr, Payer 6 Württ. V, Perger 8 Düsseldorf C, Petri 8 Els.-Lothr. NL, Pezold 3 Oberfranken C, Pfähler 5 Trier NL, v. Pfetten-Arnbach 3 Oberbayern C, Pflüger 10 Baden Fr, Pflüger 12 Württ. V, Pickenbach 1 Hessen KF, Pieschel Schwarzburg-Sondershausen NL, v. Janta-Polezynski 4 Danzig P, Pöll 2 Bromberg NL, Porsch 11 Breslau C, v. Preysing (Dillingen) 3 Schwaben C, v. Preysing (Straubing) 2 Niederbayern C, v. Pückler 9 Frankfurt K, v. Puttkamer 1 Cöslin K, Radziwill 10 Posen P, Raeithel 1 Oberfranken Fr, Rarkowski 9 Königsberg C, v. Reden 9 Hannover NL, Reichensperger 2 Arnsberg C, Reichert (Baden) 7 Baden C, Reichert (Bayern) 4 Unterfranken C, Reindl 4 Schwaben C, Richter 4 Arnsberg Fr, Rickert 3 Danzig Fr, Rimpau 8 Magdeburg NL, Rintelen 3 Trier C, Roesicke 1 Anhalt KF, v. Rozycki 3 Marienwerder P, Rudolphi 3 Köln C, Rugo 7 Potsdam Fr, Ruhland 3 Els.-Lothr. KF, Rzepnikowski 2 Marienwerder P, v. Saldern-Ahlimb-Ringenwalde 3 Potsdam K, Samhammer 1 Weimar Fr, Saurma v. d. Jeltsch 4 Breslau K, Schaedler 4 Mittelfranken C, Schaettgen 6 Baden C, v. Schalscha 11 Oppeln C, v. Schele 4 Hannover C, Schenk 2 Wiesbaden Fr, Schier 8 Kassel K, Schippel 16 Sachsen SD, v. Schleinitz 6 Kassel K, v. Schlieffen-Schlieffenberg 6 Mecklenburg-Schwerin K, v. Schlieffen-Schwandt 4 Mecklbg.-Schw. K, Schmidt (Elberfeld) 1 Düsseldorf Fr, Schmidt (Frankfurt) 6 Wiesbaden SD, Schmidt (Sachsen) 15 Sachsen SD, Schmieder 4 Liegnitz Fr, Schnaidt 2 Württ. V, Schneider II (Hamm) 7 Arnsberg NL, Dr. Schneider 1 Erfurt Fr, v. Schönborn-Wiesentheid 2 Unterfr. C, v. Schöning 5 Stettin K, Schrader 2 Braunschweig Fr, Schröder 2 Frankfurt Fr, Schütte 3 Braunschweig Fr, v. d. Schulenburg-Beetzendorf 1 Magdeburg K, v. d. Schulenburg-Hehlen 11 Hannover KF, Schuler 3 Baden C, Schultze 3 Königsberg SD, Schumacher 3 Düsseldorf SD, Schwartz Lübeck SD, Scipio 6 Hessen NL, Seelig 4 Schleswig-Kiel-Holstein Fr, Seifert 19 Sachsen SD, Siegle 1 Württ. NL, Siemens 1 Coburg-Gotha Fr, Simonis 5 Els.-Lothr. KF, Singer 4 Berlin SD, v. Slaski 4 Marienwerder P, Spahn 4 Köln C, Speiser 10 Württ. V, v. Sperber 4 Gumbinnen K, Sperlich 12 Breslau C, Stadthagen 6 Potsdam SD, v. Staudy 5 Gumbinnen K, Schenck v. Stauffenberg 2 Mittelfr. Fr, v. Steinau-Steinrück 4 Frankfurt K, Steinmann 6 Gumbinnen K, Stephan 9 Breslau Fr, Stephanus 8 Königsberg K, Stöcker 1 Arnsberg K, Stötzel 5 Düsseldorf C, Stolberg-Wernigerode 10 Königsberg K, Stolle 18 Sachsen SD, v. Strombeck 2 Erfurt C, v. Stumm 6 Trier RP, Szmula 5 Oppeln C, v. Tettau 5 Königsberg K, Thomas 1 Meiningen Fr, Thomsen 5 Schlw.-Holst. KF, Timmermann 1 Münster C, Traeger 2 Oldenburg Fr, Tröltsch 3 Mittelfr. NL, Tutzauer 6 Breslau SD, Uhden 6 Frankfurt K, Uhlendorff Lippe-Detmold Fr, Ulrich 5 Hessen SD, v. Unruhe-Bomst 3 Posen RP, Virchow 2 Berlin Fr, v. Vollmar 2 Oberbayern SD, Vollrath 7 Breslau Fr, Wagner 7 Oberbayern C, v. Walderdorff 1 Oberpfalz C, v. Wangenheim 16 Hannover C, Wattendorff 4 Münster C, Weber

6 Oberbayern C, Weiss 5 Württ. NL, Weiss (Passau) 3 Niederbayern C, Wenders 4 Düsseldorf C, v. Wendt 5 Minden C, Wenzel 5 Oberfr. C, Werner 1 Kassel KF, Wessel 1 Marienwerder RP, Wichmann 7 Königsberg K, Wildegger 2 Schwaben C, Wilisch 4 Kassel Fr, Winterer 1 Els.-Lothr. KF, v. Winterfeldt-Menkin 4 Potsdam K, Wisser 3 Weimar KF, Witte 2 Meiningen Fr, Witzlsperger 4 Oberpfalz C, Wöllmer 3 Magdeburg Fr, v. Wolszlegier 6 Marienwerder P, v. Wrisberg 1 Mecklbg.-Schw. K, Wurm Reuss j. L. SD, Zangemeister 2 Coburg-Gotha Fr, Zimmermann 3 Hessen KF, Zorn v. Bulach 7 Els.-Lothr. K.

Präsidium: v. Levetzow Präsident, Graf v. Ballestrem erster, Dr. Baumbach zweiter Vizepräsident.

Abteilungs-Vorsitzende: Dr. Lieber, Dr. v. Bennigsen, Dr. Bamberger, Ackermann, Rickert, Fürst Radziwill.

Die Zusammensetzung des Reichstages nach den Parteien.

Parteien	1871/74	1874/77	1877/78	1878/81	1881/84	1884/87	1887/90	1890/95
(Deutsch) Konservative	56	21	40	59	51	76	78	68
Freikonserv. d. Reichspart.	39	36	38	57	27	28	42	19
Liberale Reichspartei	30	—	—	—	—	—	—	—
Bundesstaatl. Konstitution	2	—	—	—	—	—	—	—
Nationalliberale	120	152	127	98	47	50	96	41
Liberale Gruppe Löwe	—	13	9	—	—	—	—	—
Liberale Wilde	4	4	5	12	1	4	—	—
Liberale Ver. (Secessionist.)	—	—	—	—	47	—	—	—
Deutsche Fortschrittspartei	46	36	36	25	61	—	—	—
Deutsch Freisinnige Partei	—	—	—	—	—	65	31	65
Deutsche Volkspartei	2	1	3	3	9	7	—	9
Sozialdemokraten	1	9	12	9	12	24	11	35
Zentrum	63	91	92	94	97	100	94	111
Welfen	4	4	5	10	10	11	7	—
Dänische Protestler	1	1	1	1	2	1	1	—
Polen	14	14	14	14	18	16	12	16
Elsässer	—	15	15	15	15	15	15	10
Bei keiner Fraktion	—	—	—	—	—	—	7	19

Unterrichtswesen.

Deutschland hat 21 Universitäten, 417 Gymnasien, 53 Progymnasien, 140 Realgymnasien, 111 Realprogymnasien, 16 Oberrealschulen. 62 Realschulen, 97 höhere Bürgerschulen, 1 Kaiserl. Marineschule, 2 Gewerbeschulen und 85 andere Lehranstalten, welche teils definitiv, teils provisorisch zur Ausstellung von Qualifikationszeugnissen für den Einj. Freiw.-Dienst berechtigt sind; ferner 10 Technische Hochschulen, 7 Kunstakademien und 24 Kunst- und Kunstgewerbeschulen. Die Zahl der Volksschulen beträgt ungefähr 58,000.

1. Universitäten: Berlin mit 6244, München 3833, Leipzig 3273, Würzburg 1580, Halle 1532, Tübingen 1470, Breslau 1374, Bonn 1343, Freiburg 1161, Heidelberg 1127, Greifswald 1087, Göttingen 1033, Marburg 965, Erlangen 926, Königsberg 862, Strassburg 862, Jena 663, Kiel 579, Giessen 565, Münster 463, Rostock 347 Studierenden, zusammen im Jahre 1888: 31,289 Studenten; es gehörten im Winter 1888/89 5824 der theologischen, 6577 der juristischen, 8668 der medizinischen und 7860 der philosophischen Fakultät an.

2. Technische Hochschulen: Aachen, Berlin, Braunschweig, (Brünn), Darmstadt, Dresden, (Graz), Hannover, Karlsruhe, München, (Prag), Stuttgart, (Wien), (Zürich).

3. **Kunstakademien**: Berlin, Breslau, (Budapest), Dresden, Düsseldorf, Kassel, Königsberg, Leipzig, München, (Prag), (Wien).

4. **Kunstschulen**: Berlin, (Bern), Breslau, Dresden, Frankfurt, (Graz), Hanau, Karlsruhe, (Krakau), Stuttgart, Weimar, (Winterthur), (Zürich).

5. **Kunstgewerbeschulen**: (Basel), Berchtesgaden, Berlin, (Bielitz), Braunschweig, Bremen, Breslau, (Brünn), Chemnitz, Danzig, Dresden, Düsseldorf, Einbeck (Webeschule), Erfurt, Frankfurt, Furtwangen (Schnitzereischule), (Gablonz), (Genf), (Graz), (Hallein), (Hallstadt), Hamburg, (Innsbruck), Iserlohn, Kaiserslautern, Karlsruhe, Kassel, Köln, (Königgrätz Kunstschlosserei), Königsberg, Kottbus, Krefeld (Textilindustrie), Leipzig, Leisnig (Drechslerei), (Luzern), Magdeburg, Mainz, Mülhausen i. E. (Graveurschule), München, Münster, Nürnberg, Oberammergau. Offenbach, Partenkirchen, (Pilsen), Pforzheim, (Prag Goldschmiede), Reichenberg (Webeschule), (Salzburg), (St. Gallen), Schneeberg (Klöppelschule), Stuttgart, (Teplitz), (Wallachisch Meseritsch), (Wien Graveurakademie), Würzburg, (Zürich).

6. **Lehranstalten, welche zur Ausstellung des Zeugnisses** über wissenschaftliche Befähigung zum Einjährig Freiwilligen-Dienst berechtigt sind.

1. Lehranstalten, bei welchen der einjährige Besuch der zweiten Klasse zur Darlegung der wissenschaftlichen Befähigung erforderlich ist.

a) Gymnasien: Aachen, Allenstein, Altenburg Friedr.-G., Altona, Amenberg, Anklam, Ansbach, Arnsberg, Arnstadt, Aschaffenburg, Attendorn i. W., Augsburg St. Anna-G., St. Stephan, Aurich, Baden, Bamberg, Barmen, Bartenstein, Bautzen, Bayreuth, Betburg, Rhpr. Ritterakademie, Belgard, Bensheim, Berlin Askan. G., Franz. G., Friedr.-G., Fr. Werder, Humboldt, Joachimsthal, Graues Kloster-G., Köln. G., Königstädt. G., Leibnitz-G., Louisen-G., Sophien-G., Wilhelms-G., Bernburg Carls-G., Beuthen, Bielefeld, Birkenfeld, Blankenburg, Blaubeuren, Ev. theol. Seminar, Bochum, Bonn, Brandenburg G. und Ritterakademie, Braunsberg, Braunschweig Ges. G., Bremen, Bremerhafen, Breslau Elisab.-G., Friedrichs-G., Johannes-G., Magdalenen-G., Mathias-G., Brieg, Brilon W., Bromberg, Bruchsal, Bruchsweiler, Bückeburg Adolphinum, Büdingen, Bunzlau, Burg, Burghausen, Burgsteinfurt, Cassel, Celle, Charlottenburg, Chemnitz, Clausthal, Cleve, Coblenz, Coburg Casimirianum, Colberg, Colmar Lyceum, Cöln G. an der Apostelkirche, Friedr.-Wilhelms-G., Kaiser Wilh.-G., G. a. Marcellen, Conitz, Corbach, Coesfeld, Cöslin, Cöthen Ludw.-G., Cottbus, Crefeld, Creutznach, Culm, Cüstrin, Danzig Kgl. G., städt. G., Darmstadt, Demmin, Dessau, Detmold Leopoldinum, Dtsch. Krone, Dillenburg, Döberan Fried. Franc. Dortmund, Dramburg, Dresden, Kreuzsch., Vitzthumsches G., Wettiner G., Dresden Neustadt, Duisburg, Düren, Düsseldorf, Eberswalde, Eichstädt, Eisenach, Eisenberg Christianeum, Eisleben, Ehingen,, Elberfeld, Elbing, Ellwangen, Emden, Emmerich, Erfurt, Erlangen, Essen, Eutin, Flensburg, Frankfurt a. M., Frankfurt a. O., Freiberg i. S., Freiburg i. B., Freienwalde, Freising, Friedeberg i. d. Neumark, Friedland, Fulda, Fürstenwalde, Garz a. d. O., Gera, Giessen, Glatz, Gleiwitz, Glogau Ev. G., Kath. G., Glückstadt, Gnesen, Görlitz, Goslar, Gotha Ernestinum, Göttingen, Graudenz, Greifenberg, Greifswald, Greiz, Grimma Fürsten- und Landessch., Gross-Strelitz, Guben, Gumbinnen, Güstrow Domsch., Gütersloh, Hadamar, Hadersleben, Hagen, Hagenau, Halberstadt, Hall, Halle lat. Sch., städt. G., Hamburg Gelehrt. Sch. d. Johann., Wilh.-G., Hameln, Hamm, Hanau, Hannover Kaiser Wilh.-G., Lyceum I und II, Heidelberg, Heilbronn, Heiligenstadt, Helmstadt, Herford, Hersfeld, Hildburghausen Georgianum, Hildesheim Andreanum, Josefinum, Hirschberg, Hof, Hohenstein, Holzminden, Höxter, Husum, Ilfeld Klostersch., Inowrazlaw, Insterburg, Jauer, Jena, Jever Marien-G., Kaiserslautern, Karlsruhe, Kattowitz, Kempen, Kempten, Kiel, Königsberg Altst., Friedrichs-Koll., Kneiphöf. G., Wilhelms-G., Königsberg Neum., Königshütte, Konstanz, Kreuzburg, Krotoschin, Lahr, Landau, Landsberg, Landshut, Laubach Friedrichs-G., Lauban, Leer, Leipzig G., Nicolaisch., Thomassch., Lemgo, Leobschütz, Liegnitz Ritterakademie, Stadt-G., Lingen, Lissa, Lörrach, Lübeck Kathar., Luckau, Lüneburg, Lyck, Magdeburg Dom-G., Pädag. der Klostersch., Mainz, Mannheim, Marburg, Marienburg, Marienwerder, Maulbronn Ev. theol. Seminar, Meiningen Bernh., Meissen Fürsten- u. Landessch., Meldorf, Memel, Meppen, Merseburg DomG., Meseritz, Metten Lyc., Minden, Montigny Bischöfl. G., Montabaur, Mörs, Mühlhausen i. Th., Mülhausen i. E., München Ludw.-G., Max-G., Wilh.-G., München-Gladbach, Münnerstadt, Münster, Münster-Eifel, Nakel, Naumburg a. S. Dom-G., Neisse, Neubrandenburg, Neuburg a. D., Neuhaldensleben, Neuruppin, Neuss, Neustadt a. H., Neustadt i. O.-Schl., Neustadt i. Westpr., Neustettin, Neustrelitz, Neuwied, Norden, Nordhausen, Nürnberg, Oels, Offenburg, Ohlau, Oldenburg, Oppeln, Osnabrück Carol., Raths-G., Ostrowo, Paderborn, Parchim Friedr. Franz-G., Passau, Patschkau, Pforta Landessch., Pforzheim, Plauen, Pless, Plön, Posen Friedr. Wilh.-G., Marien-G., Potsdam, Prenzlau, Putbus Pädag., Pyritz, Quedlinburg, Rastatt, Rastenburg, Ratibor, Ravensburg, Recklinghausen, Regensburg altes u. neues G., Rendsburg, Rheine, Rinteln, Rogasen, Rössel, Rossleben, Rostock, Rottweil, Rudolstadt, Saarbrücken, Saarburg, Saargemünd, Sagan, Salzwedel, Sangerhausen, Schleiz, Schleswig, Schleusingen, Schneidemühl, Schönthal Evang. theol. Seminar, Schrimm, Schweidnitz, Schweinfurt, Schwerin Friedr., Seehausen i. d. Altm., Sigmaringen, Soest, Sondershausen, Sorau, Spandau, Speyer, Stade, Stargard i. Pomm., Pr. Stargardt, Stendal, Stettin Wilh.-G., Marienstifts-G., Stadt-G., Stolp, Stralsund, Strasburg Westpr., Strassburg i. E. Lyc. und Prot. G., Straubing, Strehlen, Stuttgart Eberhard Ludw.-G., Karls-G., Tauberbischofsheim, Thorn, Tilsit, Torgau, Treptow a. d. Rega, Trier, Tübingen, Ulm, Urach, Vechta, Verden, Waldenburg, Wandsbeck, Warburg, Waren, Warendorf, Wehlau, Weilburg, Weimar, Weissenburg, Wernigerode, Werthheim, Wesel, Wetzlar, Wiesbaden, Wilhelmshafen, Wismar gr. Stadtsch., Wittenberg, Wittstock, Wohlau, Wolfenbüttel, Wongrowitz, Worms, Würzburg, Wurzen, Zabern, Zeitz, Zerbst Franz., Zittau, Züllichau, Zweibrücken, Zwickau.

b) Realgymnasien: Aachen, Altona, Annaberg, Aschersleben, Augsburg, Barmen, Berlin Andreassch., Falk-Rg., Friedrichs-Rg., Kgl. Rg., Königstädt. Rg., Louisenstädt. Rg., Sophien-Rg., Bernburg, Bielefeld, Borna, Brandenburg, Braunschweig, Bremen Handelssch., Bremerhafen, Breslau Rg. z. hl. Geist, Rg. am Zwinger, Bromberg, Burgsteinfurt, Bützow, Cassel, Celle, Chemnitz, Colberg, Cöln, Crefeld, Danzig Johannessch., Petrisch., Darmstadt, Dessau Franzsch., Döbeln, Dortmund, Dresden Annen-G., Neustädter Rg., Duisburg, Düsseldorf, Eisenach, Elberfeld, Elbing, Erfurt, Essen, Flensburg, Frankfurt a. M. Mustersch., Wöhlersch., Frankfurt a. O., Fraustadt, Freiberg i. S., Gebweiler, Gera, Giessen, Görlitz, Goslar, Gotha, Göttingen, Greifswald, Gross-Lichterfelde Haupt-Kadettenanstalt, Grünberg, Guben, Güstrow, Hagen, Halberstadt, Halle, Hamburg Rg. d. Johanneums, Hannover Leibnitz-Rg., Rg., Harburg, Hildesheim, Insterburg, Iserlohn, Karlsruhe, Königsberg Burgsch., städt. Rg., Landeshut, Landsberg a. W., Leer, Leipzig, Lippstadt, Lübeck Rg. des Katharineums, Ludwigslust, Lüneburg, Magdeburg, Mainz, Malchin, Mannheim, Meiningen, Metz, Minden, Mülheim a. d. Ruhr, Mülheim a. Rh., München Kadettencorps, Rg., Münster, Neisse, Nordhausen a. H., Nürnberg, Offenbach, Osnabrück, Osterrode, Perleberg, Plauen, Posen Potsdam, Prenzlau, Quakenbrück, Rawitsch, Reichenbach, Rendsburg, Rostock, Ruhrort, Saalfeld, Schlettstadt, Schwerin, Siegen, Sprottau, Stettin Friedr. Wilhelmsch., städt. Rg., Stralsund, Strassburg i. E., Stuttgart, Tarnowitz, Thorn, Tilsit, Trier, Ulm, Weimar, Wiesbaden, Witten, Würzburg, Zittau, Zwickau.

c) Oberrealschulen: Berlin Fr. Wendersche O.-R., Louisenstädtische O.-R., Breslau, Brieg, Coblenz, Cöln, Elberfeld, Frankfurt a. M., Klingerschule Gleiwitz, Halberstadt, Kiel, Magdeburg, Potsdam, Reutlingen, Stuttgart, Ulm, Wiesbaden.

2. Lehranstalten, bei welchen der einjährige erfolgreiche Besuch der ersten Klasse zur Darlegung der wissenschaftlichen Befähigung erforderlich ist.

a) Progymnasien: Altkirch, Alzey, Andernach, Bischweiler, Boppard, Brühl, Cannstatt Lyceum, Diedenhofen, Donaueschingen, Dorsten, Duderstadt, Durlach, Eschweiler, Esslingen Lyceum, Euskirchen, Frankenstein, Friedberg, Friedland, Geestemünde, Genthin, Jülich, Kempen, Königsberg, Lauenburg, Linz, Löbau, Lötzen, Ludwigsburg, Malmedy, Münden, Neumark Westpr., Nienburg, Öhringen, Ottensen, Prüm, Rappoltsweiler, Reutlingen, Rheinbach, Rietberg, St. Wendel, Schlawe, Schwedt, Schwetz, Siegburg, Sobernheim, Trarbach, Tremessen, Weissenfels, Wiesbaden, Wimpfen a. B., Wipperfürth Rheinpr.

b) Realschulen: Aachen, Alsfeld, Altona, Alzey, Arnstadt, Barmen-Wupperfeld, Barr i. E., Biberach, Bingen, Bockenheim, Braunschweig, Bremen R.-Sch. d. Altstadt, R.-Sch. beim Doventhor, Cannstatt, Cassel, Colmar, Realklasse d. Lyc., Crefeld, Darmstadt, Eschwege, Essen, Esslingen, Frankfurt a. M. R.-Sch. d. israel. Relig.-Ges., der israel. Gemeinde, Adlerflychtschule, Freiburg i. B., Friedberg Hessen, Forbach, Giessen, Göttingen, Gross-Umstadt, Hagenau, Hall, Hanau, Heidelberg, Heilbronn, Homburg, Karlsruhe, Konstanz, Ludwigsburg, Mainz R.-G. u. R.-Sch., Meissen, Metz, Michelstadt, Mülhausen i. E., Münster, Neumünster, Neu-Strelitz, Oberstein-Idar, Offenbach i. Hessen, Oldenburg, Oppenheim, Pforzheim, Ravensburg, Remscheid, Rheydt, Rottweil, Schönebeck, Sondershausen, Strassburg i. E. neue R.-Sch., R.-Sch. bei St. Johann, Tübingen, Varel, Wasselnheim, Wismar R.-Sch. d. gr. Stadtsch., Worms.

c) Real-Progymnasien: Altenburg R.-Sch., Altona, Arolsen, Biebrich-Moosbach, Biedenkopf, Birkenfeld Realabth. des Gymn., Bischweiler, Bückeburg, Buxtehude, Calw Real-Lyz., Coburg, Cöthen Realkl. des G., Cottbus, Crossen, Culm, Delitzsch, Detmold Realkl. d. G., Diez, Dirschau, Duderstadt, Dülken, Düren, Eilenburg, Einbeck, Eisleben, Emden, Ems, Eschweiler, Ettenheim, Eupen, Frankenhausen, Freiburg Schlesien, Fulda, Gandersheim, Gardelegen, Geisenheim, Gmünd Reallyc., Greiz Realabth. d. G., Gumbinnen, Hadersleben, Hameln, Hamm, Havelberg, Heilbronn Realkl. d. G., Hersfeld, Hofgeismar, Husum, Itzehoe, Jenkau, Langenberg, Langensalza, Lauenburg a. d. Elbe Albinusschule, Lennep, Limburg a. d. Lahn, Lörrach, Löwenberg, Lübben, Luckenwalde, Lüdenscheid, Marburg, Markirch i. E., Marne, Mühlhausen i. Th., München-Gladbach, Münden, Nauen, Naumburg a. d. S., Neuwied, Nienburg, Northeim, Nürtingen Real-Lyz., Oberhausen, Oberlahnstein, Ohrdruf, Oldesloe, Otterndorf, Papenburg, Parchim, Pfalzburg i. E., Pillau, Rathenow, Ribnitz, Riesenburg Westpr., Rudolstadt, Saarlouis, Schalke, Schleswig, Schmalkalden, Schwelm, Seegeberg, Solingen, Sonderburg, Spremberg, Stade, Stargard, Stolp, Striegau, Tann, Uelzen, Viersen, Wandsbeck, Wesel, Wolgast, Wollin, Wriezen, Zerbst Realkl. d. G.

3. Lehranstalten, bei welchen das Bestehen der Entlassungs-Prüfung zur Darlegung der wissenschaftlichen Befähigung erforderlich ist.

a) Höhere Bürgerschulen (Realschulen): Ansbach, Apolda Wilhelm und Louis Zimmermanns R.-Sch., Aschaffenburg, Augsburg Kreisrealsch., Bamberg, Barmen Gewerbesch., Bautzen, Bayreuth, Bochum Gew.-Sch., Bonn, Breslau 1. und 2. ev. h. B., kath. h. B., Cassel Gew.-Sch., Cöln, Crimmitschau, Culm, Dortmund Gew.-Sch., Dresden Friedrichstädt. Lehr- u. Erz.-Anst., Düsseldorf, Ems Real-Prog., Erfurt Erlangen, Essen, Frankfurt a. M. Selektensch., Frankenberg, Freising, Fürth, Glauchau, Gotha, Grabow R.-Pg., Grimma, Grossenhain, Hamburg, Hannover 1. u. 2. h. B., Hechingen, Hildesheim R.-Pg.,Hof, Ingolstadt, Kaiserslautern, Kaufbeuren, Kempten, Kissingen, Kitzingen, Königsberg h. B. in Löbenicht, Landau, Landshut, Langensalza, Leipzig, Leisnig, Liegnitz Wilhelmssch., Lindau, Löbau, Lübeck, Meerane, Memmingen, Mittweida, München Kreisrealsch., Neustadt a. d. H., Neustadt a. d. Orla, Nördlingen, Nürnberg, Passau, Pirna, Ratibor, Regensburg, Reichenbach i. V., Reudnitz, Rochlitz, Rostock, Rothenburg a. d. T., Schneeberg, Schönberg, Schweinfurt, Sonneberg, Speyer, Stolberg, Straubing, Strausberg, Traunstein, Werdau, Wunsiedel, Würzburg, Zweibrücken.

b) Andere öffentliche Lehranstalten: Augsburg Industrieschule, Chemnitz öffentl. Handelslehranstalt, Döbeln Landw. Sch., Dresden öffentl. Handelslehranstalt d. Kaufm., Kaiserslautern Industriesch., Leipzig öffentl. Handelslehranstalt., München Central-Tierarzneischule, Handelssch., Industriesch., Nürnberg Handels- und Industrieschule, Weihenstephan landw. Centralschule, Zittau Handels-Abteilung des Realgymnasiums.

c) Privat-Lehranstalten: Ballenstedt Inst. v. Prof. Brinckmeyer, Berlin Lange's Handelsschule, Braunschweig Günther's Privat-Lehranstalt, Bremen Debbe's Realschule, Breslau Steinhaus' Handelsschule, Danzig Handelsakademie, Dresden Schlemm's Lehranstalt, Böhme's Lehranstalt, Real-Institut v. Müller-Gellinek und Schumann, Falkenberg Viktoria-Institut, Frankenthal Real-Institut v. Bertololy u. Trautmann, Hamburg Bieber's Schule, Bock's Schule, Glitza's Schule, Nirrnheim's Schule, Otto's Schule, Israel. Stiftungsschule, Talmud-Tora-Schule, Realschule der reform. Gemeinde, Keilhau, (Schwarzbg. Rudolst.) Barop's Erziehungs-Anst., Lübeck, Realschule v. Reimann, Marktbreit Damm's Handelsschule, Niesky Pädagogium, Ostrowo bei Filehne Pädagogium v. Beheim-Schwarzbach, Seesen (Braunschweig) Jakobson-Schule, Stuttgart höhere Handelsschule, Rauscher's Privatlehranstalt, Weinheim Bender's Privatlehranstalt.

Krankenversicherung.

Versicherungspflichtig sind alle in der Industrie, dem Handel und Gewerbe beschäftigte Personen, welche im dauernden Arbeitsverhältnis stehen und Lohn oder Gehalt beziehen, also Gehilfen, Gesellen, Lehrlinge und kleinere gewerbliche Beamte etc., ferner in Bergwerken, Salinen, Aufbereitungsanstalten, Gruben und Brüchen, Fabriken, Hüttenwerken u. dgl. Betrieben, beim gewerbsmässigen Fuhrwerks-, Binnenschiffahrts-, Flösserei-, Fischerei- und Fährbetrieb, auf Werften und bei Bauten, im Speditions-, Speicher- und Kellereibetrieb Beschäftigte, Betriebsbeamte, deren täglicher Verdienst einschliesslich Tantiemen unter $6^2/_3$ M., sowie alle, welche ihre Thätigkeit in den gesamten Betrieben der Post- und Eisenbahn-, Marine- und Heeresverwaltungen ausüben. Die Pflicht kann auch erstreckt werden auf Handlungsgehilfen und Lehrlinge, auch die in Apotheken beschäftigten, sowie auf Personen, welche in keinem der oben bezeichneten Gewerbe thätig sind, und auf Hausindustrielle, d. s. selbständige Gewerbetreibende, welche im Auftrage oder für Rechnung anderer mit Herstellung oder Bearbeitung gewerblicher Erzeugnisse beschäftigt werden.

Unterlassung der Anmeldung eines Versicherungspflichtigen seitens des Arbeitgebers, und zwar binnen 3 Tagen nach Antritt der Beschäftigung, wird mit 20 M. Geldbusse eventuell Freiheitsstrafe geahndet.

Auf Antrag können befreit werden Personen, welche im Krankheitsfalle mindestens für 13 Wochen auf Verpflegung in der Familie des Arbeitgebers oder auf Weiterzahlung ihres Lohnes Anspruch haben.

Aus ihrer Beschäftigung ausscheidende Personen haben, so lange die Beiträge weiter geleistet werden und sie im Gemeindebezirke ihres bisherigen Aufenthalts bleiben, Anspruch auf Unterstützung.

Für solche Pflichtige, welche nicht Mitglieder behördlicherseits zulässiger Krankenkassen sind, tritt die Gemeinde-Krankenversicherung ein. Personen in der oben bezeichneten Art, welche der Versicherungspflicht nicht unterliegen, sowie Dienstboten sind berechtigt, der Gemeinde-Krankenversicherung, in deren Bezirke sie beschäftigt sind, beizutreten und dieses schriftlich oder mündlich dem Gemeindevorstand anzuzeigen.

Alle Kassen müssen bis zu 13 Wochen Unterstützung gewähren.

Die Beiträge der Mitglieder dürfen bei der Gemeinde-Krankenversicherung in der Regel $1^1/_2$% des ortsüblichen, bei allen anderen Kassen 2—3% des durchschnittlichen Tagelohnes nicht übersteigen und sind in allen Fällen zu $^1/_3$ vom Arbeitgeber und $^2/_3$ vom Arbeitnehmer (bei der Gemeinde-Krankenversicherung stets im voraus vom Arbeitgeber) zu entrichten.

1. **Die Gemeinde-Krankenversicherung** muss vom Beginne der Krankheit eines Mitgliedes ab freie ärztliche Behandlung, Arznei, auch Brillen, Bruchbänder u. dgl., ferner im Falle der Erwerbsunfähigkeit vom 3. Tage der Erkrankung ab für jeden Arbeitstag ein wöchentlich postnumerando zu zahlendes Krankengeld in Höhe der Hälfte des ortsüblichen Tagelohnes gewöhnlicher Tagarbeiter gewähren. An Stelle dieser Leistungen kann auch freie Kur und Verpflegung in einem Krankenhause gewährt werden. Verheiratete, in einem Krankenhause untergebrachte, welche von ihnen zu versorgende Angehörige haben, können neben der freien Kur noch die Hälfte des Krankengeldes beanspruchen. Ist die Krankheit verursacht infolge geschlechtlicher Ausschweifung, Trunkenheit oder Schlägerei, so kann das Krankengeld entzogen werden.

Alle übrigen Krankenkassen sind verpflichtet: a) mindestens dieselbe Unterstützung zu gewähren, doch darf das Krankengeld die Hälfte des ortsüblichen, bei Betriebs- und Baukassen durchschnittlichen Tagelohnes von 3 bezw. 4 M. nicht überschreiten. b) Dieselbe Unterstützung an Wöchnerinnen bis zu 3 Wochen nach ihrer Niederkunft und c) beim Todesfalle eines Versicherten ein Sterbegeld im 20fachen Betrage des ortsüblichen Tagelohnes zu gewähren. (Eine Erweiterung dieser Leistungen ist durch Statut zulassig).

2. **Ortskrankenkassen**: Wenn irgend ein Gewerbe oder Betriebszweig in demselben Gemeindebezirk die Mitgliederzahl von 100 erreicht, können letztere eine eigene Kasse errichten, müssen aber der Behörde vorher ein Statut über Höhe und Entrichtung der Beiträge, sowie Art und Umfang der Unterstützung einreichen.

Vom Tage des Beginnes seiner Thätigkeit in dem Gemeindebezirke ist jeder dem Betriebs- oder Gewerbezweige Angehörende ohne weiteres Mitglied der betreffenden Kasse, falls er nicht bereits einer anderen Kasse mit Beitrittszwang angehört. Der Austritt kann am Jahresschlusse nach vorheriger dreimonatlicher Kündigung erfolgen. Sinkt die Mitgliederzahl jedoch dauernd unter 50, oder es kann die gesetzliche Unterstützung seitens der Kasse nicht mehr aufgebracht werden, so muss die Auflösung erfolgen. Die Generalversammlung, welche aus grossjährigen Mitgliedern oder deren Vertretern und aus beitragspflichtigen Arbeitgebern (diese aber höchstens bis zu $^1/_3$ der Stimmen) bestehen muss, besorgt die Abänderung der Statuten, die Verfolgung von Ansprüchen gegen Kassenmitglieder, sowie Abnahme und Prüfung der Jahresrechnung. Der Vorstand vertritt die Kasse gerichtlich und aussergerichtlich und führt nach dem Statut die laufende Verwaltung.

3. **Betriebs- (Fabrik-) Krankenkassen**: Zur Errichtung solcher müssen die Fabrikanten oder Betriebsunternehmer mindestens 50 Arbeiter beschäftigen, oder es muss besondere Krankheitsgefahr vorliegen; auch können dieselben von der Behörde zur Errichtung einer Kasse angehalten werden. Kommen dieselben einer solchen auferlegten Verpflichtung nicht nach, so müssen sie für jede in ihrem Betriebe beschäftigte Person bis zu 5%** des verdienten Lohnes aus eigenen Mitteln zur Gemeinde-Krankenversicherung oder Ortskrankenkasse leisten. Etwaige Beschwerden sind an das Ministerium (in Preussen Handelsminister) zu richten. Die Verwaltungskosten

fallen dem Betriebsunternehmer zur Last auch hat derselbe nötigenfalls Zuschüsse zur Kasse zu leisten. Durch Bestimmung der Generalversammlung kann die Kasse aufgelöst werden. Von der Behörde geschieht letzteres beim Sinken der Mitgliederzahl unter 50 und bei dauernder Leistungsunfähigkeit oder bei unordentlicher Kassa- und Rechnungsführung; im letzteren Falle kann der Unternehmer zur Beitragsleistung, wie oben ** erwähnt, herangezogen werden. Die Beiträge der Mitglieder sind dieselben, wie bei den Ortskrankenkassen.

Unfallversicherung.

Die Unfallversicherung erstreckt sich auf alle bei der Krankenversicherung bereits aufgeführten Arbeiter (auch Gesinde) und Betriebsbeamte (mit Ausschluss der Comptoiristen) deren Jahresverdienst unter 2000 Mark beträgt.

Die Entschädigung der Arbeiter bei Verletzungen.

hat nach § 5 des Unfallversicherungsgesetzes zu bestehen:

1. in den Kosten des Heilverfahrens, welche vom Beginn der 14. Woche nach Eintritt des Unfalls an entstehen (über die Entschädigung in den ersten 13 Wochen siehe Krankenkassengesetz); 2. in einer dem Verletzten vom Beginn der 14. Woche nach Eintritt des Unfalls an für die Dauer der Erwerbsunfähigkeit zu gewährenden Rente. Letztere beträgt im Falle völliger Erwerbsunfähigkeit für die Dauer derselben 66²/₃% des Arbeitsverdienstes **Tabelle I**) im Falle teilweiser Erwerbsunfähigkeit für die Dauer derselben einen Bruchteil dieser Rente, welche nach Massgabe der verbliebenen Erwerbsfähigkeit zu bemessen ist.

Nach § 6 ist im Falle der Tötung infolge eines Unfalles zu zahlen:

1. als Ersatz der Beerdigungskosten das 20fache des für den Arbeitstag ermittelten Verdienstes, mindestens jedoch 30 M. (**Tabelle II**); 2. eine den Hinterbliebenen des Getöteten vom Todestage an zu gewährende Rente. Dieselbe beträgt: a) für die Witwe bis zu deren Tod oder Wiederverheiratung 20% (**Tabelle III**) und im letzten Falle den 3fachen Betrag ihrer Jahresrente als Abfindung (**Tabelle V**), für jedes hinterbliebene vaterlose Kind bis zu dessen zurückgelegtem 15. Lebensjahre 15% (**Tabelle IV**) und wenn das Kind auch mutterlos ist oder wird 20% (**Tabelle III**); b) für Ascendenten des Verstorbenen, wenn dieser ihr einziger Ernährer war, für die Zeit bis zu ihrem Tode oder bis zum Wegfall der Bedürftigkeit 20% des Arbeitsverdienstes (**Tabelle III**).

Bei einem Verdienst von		betragen die Entschädigungen in Gestalt				
p.Wch.	p.Jahr	I. monatl. Rente 66²/₃% f. d. Versich.	II. Beerdigungskosten	III. mntl. Rente 20% f. d. Witw. etc.	IV. mntl. Rente 15% f. j. vaterlose Kind	V. Abfind.-summe f. d. Witwe
ℳ ₰	ℳ ₰	ℳ ₰	ℳ ₰	ℳ ₰	ℳ ₰	ℳ ₰
6 —	312 —	17 35	30 —	5 20	3 90	187 20
7 —	364 —	20 25	30 —	6 10	4 55	219 60
8 —	416 —	23 15	30 —	6 95	5 20	250 20
9 —	468 —	26 —	30 —	7 80	5 85	280 80
10 —	520 —	28 90	33 35	8 70	6 50	313 20
12 —	624 —	34 70	40 —	10 40	7 80	374 40
14 —	728 —	40 45	46 70	12 15	9 10	437 40
15 —	780 —	43 35	50 —	13 —	9 75	468 —
16 —	832 —	46 25	53 35	13 90	10 40	500 40
18 —	936 —	52 —	60 —	15 60	11 70	561 60
20 —	1040 —	57 80	66 70	17 35	13 —	624 60
24 —	1248 —	69 35	80 —	20 80	15 60	748 80
25 —	1265 —	70 30	81 15	21 10	15 85	759 60
27 —	1300 —	72 25	83 35	21 70	16 25	781 20
30 —	1352 —	75 15	86 70	22 55	16 90	811 80

Verzeichnis der Berufsgenossenschaften und deren Sitze.

Name	Sitz
A. Gewerbl. (64)	
Knappsch.-B.-G.	Berlin
Steinbruchs-B.-G.	»
B.-G. der Feinmech.	»
Süddtsch. Eisen- u. Stahl-B.-G.	Frankf. a.M.
Südwd. Eisen-B.-G.	Saarbrück.
Rh.-Westf. Hütten- u. Walzw.-B.-G.	Düsseldorf
Rh.-Westf. Maschinenbau- u. Kleineisenindustr.-B.G.	Düsseldorf
S.-Thüring. Eisen- u. Stahl-B.-G.	Leipzig
Nordöstl. Eisen- u. Stahl-B.-G	Berlin
Schl. Eisen u. Stahl-B.-G.	Breslau
Nordwestl. Eisen.- u. Stahl-B.-G.	Hannover
Südd.Edel-u.Unedelmetall-B.-G.	Stuttgart
Ndd. Edel- u. Unedelmet.-Industr.-B.-G.	Berlin
B.-G. d. Musikinstr.-Indstrie	Leipzig
Glas-B.-G.	Berlin
Töpferei-B.-G.	»
Ziegelei-B.-G.	»
B.G. der ch. Industr.	»
B.-G. der Gas- u. Wasserwerke	»
Leinen-B.-G.	»
Nordd. Textil-B.-G.	»
Südd. Textil-B.-G.	Augsburg
Schles. Textil-B.-G.	Breslau
Textil-B.-G. von Elsass-Lothringen	Mülh. i. E.
Rh.-Wstf. Text.-B.-G.	M. Gladbach
Sächs. Textil-B.-G.	Leipzig
Seiden-B.-G.	Krefeld
Papiermach.B.-G.	Berlin
Papierverarb.-B.-G.	»
Lederindustrie-B.-G.	»
Sächs. Holz-B.-G.	Dresden
Nordd. Holz-B.-G.	Berlin
B. Holzindstr.-B.-G.	München
Südwestd.Holz-B.-G.	Stuttgart
Müllerei-B.-G.	Berlin
Nahrungsmittelindustrie-B.-G.	Mannheim
Zucker-B.-G.	Berlin
Brennerei B.-G.	»
Br.- u. Mälz.-B.-G.	Frankf. a.M.
Tabak-B.-G.	Berlin
Bekl.-Industr.-B.-G.	»
B.-G. d.Schornstfgm. d. deutsch. Reich.	»
Hamb. Baugw.-B.-G.	Hamburg
Ndöstl.Baugw.-B.-G.	Berlin
Schl. Pos. Baug.-B.-G.	Breslau
Hannov. Baug.-B.-G.	Hannover
Magd. Baugew.-B.-G.	Magdeburg
Sächs. Baugw.-B.-G.	Dresden
Thür. Baugew.-B.G.	Erfurt
Hess.-Nass. Baugew.-B.-G.	Frankf. a. M.
Rh.-Wstf.Baug.-B.-G.	Elberfeld
Württ. Baugw.-B.-G.	Stuttgart
Bay. Baugew.-B.-G.	München
Südw. Baugw.-B.-G.	Strassb. i. E.
Buchdrucker-B.-G.	Leipzig
Privatbahn-B.-G.	Lübeck
Strassenbahn-B.-G.	Berlin
Spedit.-, Speich.- u. Keilerei-B.-G.	»
Fuhrwerks.-B.-G.	»
Wstd. Binnenschifff.-B.-G.	Duisburg
Elbschifff.-B.G.	Magdeburg
Ostd. Binnenschifff.-B·-G.	Bromberg
See-B.-G.	Hamburg
Tiefbau-B.-G.	Berlin
B. Landwirtsch. (48)	
Ostpreuss. l. B.-G. zu	Königsb. i.P.
Westpreuss. l. B.-G.	Danzig
Brandenbg. l. B.-G.	Berlin
Pomm. l. B.-G.	Stettin
Posensche l. B.-G.	Posen
Schles. l. B.-G.	Breslau
L. B.-G. für die Provinz Sachsen	Merseburg
Schleswig-Holstein. l. B.-G.	Kiel
Hannov. l. B.-G.	Hannover
Westfäl. l. B.-G.	Münster
Hessen-Nassauische l. B.-G.	Kassel
Rhein. l. B.-G.	Düsseldorf
Oberbayer. l. B.-G.	München
Niederbayer. l.-B.-G.	Landshut
Pfälz. l. B.-G.	Speyer
Oberpfälz. l.-B.-G.	Regensburg
Oberfränk. l. B.-G.	Bayreuth
Mittelfränk. l. B.-G.	Ansbach
Unterfränk. l. B.-G.	Würzburg
Schwäb. l. B.-G.	Augsburg
l. B.-G. f. d. Königreich Sachsen	Dresden
l. B.-G. f. d. Neckarkreis	Stuttgart
l. B.-G. f. d. Schwarzwaldkreis	Reutlingen
l. B.-G. für d. Jagstkreis	Ellwangen
l. B.-G. f. d. Donaukr.	Ulm

Name	Sitz	Name	Sitz
Badische l. B-G. .	Karlsruhe	Schwarzburg-Rudolstädtische l.-B.-G.	Rudolstadt
l. B.-G. f. d. Grossherzogtum Hessen	Darmstadt	Schwarzb. - Sondershaus. l. B.-G. . .	Sondersh.
Mecklenb. - Schwer. l. B.-G.	Schwerin	l. B.-G. f. d. Fürstentum Reuss ä. L.	Greiz
Weimar. l. B.-G. .	Weimar	l. B.-G. f. d. Fürstentum Reuss j. L.	Gera
Mecklenb. - Strelitz. l. B.-G.	Neubrandb.	Schaumburg - Lippische l. B.-G. . .	Stadthagen
Oldenb. l. B.-G. . .	Oldenburg	Lippesche l. B.-G.	Detmold
Braunschw. l. B.-G.	Braunschw.	Bremische l. B.-G. .	Bremen
Sachsen-Meiningen. l. B.-G.	Meiningen	Hamburg. l. B.-G. .	Hamburg
Sachsen - Altenburg. l. B.-G.	Altenburg	Unterelsäss. l. B.-G.	Strassb. i. E.
Coburg. l. B.-G. . .	Coburg	Oberelsäss. l. B.-G.	Colmar
Gothaische l. B.-G.	Gotha	Lothring. l. B. G.' .	Metz
Anhaltische l. B.-G.	Dessau		

Invaliditäts- und Altersversicherung.

Versicherungspflichtig sind, sobald sie das 16. Lebensjahr erreicht haben, baren Lohn beziehen und nicht bereits invalide sind: Betriebsbeamte, Handlungsgehilfen, deren Jahresverdienst unter 2000 M. beträgt, Handlungslehrlinge (mit Ausnahme der in Apotheken beschäftigten Gehilfen und Lehrlinge), Arbeiter (Arbeiterinnen), Gehilfen, Gesellen und Lehrlinge, sowie zur Dienstleistung auf Schiffen beschäftigte Personen.

Freiwillig können beitreten, wenn sie nicht über 40 Jahre alt oder bereits invalide sind: Betriebsunternehmer, welche keine Lohnarbeiter beschäftigen, und Hausgewerbetreibende, d. s. Handwerker, ohne Rücksicht, ob sie Arbeiter beschäftigen oder nicht.

Als Versicherungsbeiträge sind zu leisten für die 1. Lohnklasse (Jahresverdienst bis 350 M.) wöchentlich 14, II. Lohnklasse (350 bis 550 M.) 20, III. Lohnklasse (550 bis 850 M.) 24 und IV. Lohnklasse (über 850 M.) 30 Pf. Die Beiträge werden durch Verwendung von Marken geleistet; letztere sind in allen Postanstalten erhältlich, und muss wöchentlich die für diejenige Lohnklasse, in welcher sich der Versicherte befindet, vorgeschriebene Marke in eine Quittungskarte geklebt werden. Die Karte hat 52 Markenfelder, es gelten jedoch 47 Wochenbeiträge als Beitragsjahr. Freiwillig Versicherte können nur die Vergünstigung der II. Lohnklasse geniessen, müssen aber ausser einer Wochenmarke von 20 Pf. jedesmal eine Zusatzmarke, deren Nennwert 8 Pf. beträgt, einkleben. Sind die Felder der Karte beklebt, so ist dieselbe bei der betr. Ausgabeanstalt umzutauschen und dient später als Grundlage für die Rentenberechnung. Krankheitszeit über sechs Tage bis zu einem Jahre, sowie militärische Übungszeit des Versicherten entlasten von der Beitragsleistung und werden so angerechnet, als wenn die Beiträge während der betr. Zeit in der II. Lohnklasse wirklich erfolgt wären. Selbstredend müssen die nötigen Bescheinigungen und Militärpapiere vorgelegt werden. Für Versicherungspflichtige hat der betr. Arbeitgeber wöchentlich die Marken, deren Anschaffungskosten er zur Hälfte tragen muss, einzukleben. Unterlassen des letzteren kann mit Ordnungsstrafe bis zu 300 M. geahndet werden. Für solche, deren Thätigkeit in der Woche bei verschiedenen Arbeitgebern (Herrschaften) wechselt (z. B. Tagelöhner, Näherinnen etc.) sind die Marken stets von demjenigen Arbeitgeber, bei welchem die Arbeitnehmer ihre Thätigkeit in der Woche beginnen, einzukleben.

Anspruch auf Invalidenrente steht jedem zu, welcher nach fünfjähriger Wartezeit den Nachweis seiner Erwerbsunfähigkeit erbringen kann. Eine Ausnahme gibt es nur für solche, welche in den ersten fünf Jahren seit Bestehen des Gesetzes invalide werden; es muss jedoch der Beitrag von mindestens 47 Wochen geleistet sein und ferner der amtlich beglaubigte Nachweis erbracht werden, dass der Betreffende fünf Jahre vor dem Inkrafttreten des Gesetzes in einem Arbeitsverhältnis gestanden hat, welches die Versicherungspflicht, falls das Gesetz damals schon bestanden hätte, begründet haben würde.

Anspruch auf Altersrente hat jeder, der 30 Jahre (1410 Wochenbeiträge) gezahlt hat und 70 Jahre alt ist. Eine Ausnahme findet statt bei denen, welche bei Inkrafttreten des Gesetzes (1. Januar 1891) älter sind, als 40 Jahre und einen amtlich beglaubigten Nachweis erbringen, dass sie die letzten drei Jahre — wenn auch mit einer Unterbrechung bis zu vier Monaten während eines Jahres — vor dem Inkrafttreten des Gesetzes in einem Arbeitsverhältnis gestanden haben. Bezicht jemand beim Eintritt ins 71. Lebensjahr bereits Unfallrente, so hat er nur Anspruch auf so viel Altersrente, dass die beiden Renten zusammen nicht über 415 M. betragen. Wer mit 70 Jahren bereits Invalidenrente bezieht, kann keinen Anspruch auf Altersrente erheben. Wird jemand invalide, der bereits Altersrente bezieht, so hat er Anspruch auf die höhere Invalidenrente; die Altersrente hört aber in diesem Falle auf. Anspruch auf Rückerstattung der Hälfte der eingezahlten Beiträge haben, sofern überhaupt 235 Wochenbeiträge gezahlt sind, weibliche Personen, welche sich verheiraten, bevor sie in den Genuss einer Rente gelangten. Falls die Versicherung weiter fortgesetzt wird, erlischt dieser Anspruch. Stirbt eine männliche Person, so kann die Witwe, oder falls eine solche nicht vorhanden, die ehelichen Kinder unter 15 Jahren die Hälfte der eingezahlten Beiträge zurückverlangen. Kinder unter 15 Jahren können denselben Anspruch erheben beim Tode ihrer Mutter, welche Witwe war. In allen Fällen ist aber die Beibringung amtlich beglaubigter Beweismittel erforderlich.

Zur Altersrente leistet das Reich einen Zuschuss von 50 Mk., dazu kommt für jeden geleisteten Wochenbeitrag ein Zuschlag von 4 Pf. in Lohnklasse I, 6 Pf. in Lohnklasse II, 8 Pf. in Lohnklasse III und 10 Pf. in Lohnklasse IV. Die Anzahl der Wochenbeiträge (für Altersrente sind mindestens 1410 Beiträge erforderlich) sind mit diesem Zuschlag zu multiplizieren, hierzu der Reichszuschuss von 50 M., und es ergibt sich die Summe, welche der Versicherte als Altersrente beanspruchen kann.

Zur Invalidenrente zahlt die Versicherungsanstalt ausser dem vom Reiche bewilligten Zuschuss von 50 M. noch einen festen Satz von 60 M. Dazu kommen in der Lohnklasse I 2, II 6, III 9 und IV 13 Pf. Multipliziert man die Anzahl der Wochenbeiträge (zur Invalidenrente sind 235 erforderlich) mit diesen Zahlen und zählt dazu die beiden Zuschüsse von 50 und 60 M., so ergibt sich die Summe, welche der Versicherte als Invalidenrente beanspruchen kann.

Berechnung der Renten nach den billigsten Sätzen.

Invalidenrente nach 235 Beitragswochen			Altersrente nach 1410 Beitragswochen		
	M.	Pf.		M.	Pf.
Lohnklasse I	114	70	Lohnklasse I	106	40
» II	124	10	» II	134	60
» III	131	15	» III	162	80
» IV	140	55	» IV	191	—

Lebensversicherung in Deutschland.

Name der Anstalt	Gegr.	Personen	Vericherungs-Betrag
Lebensvers. f. Deutschland Gotha	1827	73 581	567 653 700
Deutsche Lebensvers.-Gesellsch. Lübeck	1828	36 226	142 056 013
Lebensvers.-Ges.-Leipzig	1830	42 186	295 598 650
Berlin. Lebensvers.-Ges. Berlin	1836	23 159	124 115 510
Teutonia Leipzig	1852	39 162	100 430 504
Concordia Köln	1853	28 392	175 427 446
Lebensvers. und Ersparnisbank Stuttgart	1854	47 863	298 233 958
Germania Stettin	1857	115 985	355 871 531
Victoria Berlin	1861	26 560	127 452 541
Allg. Versorg.-Anstalt Karlsruhe	1864	59 197	240 262 518
Summa		492 311	2427 102 371
Summa der übrigen 25 Anstalten		354 098	1047 409 931
Total in Deutschland		846 409	3474 512 302

Jagdzeiten.

Wild	Preussen	Bayern	Sachsen	Württemberg	Baden
	Ges. v. 26/2 70	Ges. v. 5/10 63	Ges. v. 22/7 70	Ges. v. 12/8 78	Ges. v. 2/12 50
Elchwild	1/9-30/11	24/6-14/10	— —		
Männl. Rotw.	1/7-28/2	— —	1/7-28/2	1/7-15/10	1/1-31/12
Weibl. Rotw.	16/10-31/1	— —	1/9-28/2	16/10-31/12	24/8-1/2
Männl. Damw.	1/7-28/2	24/6-29/10	1/7-28/2	1/7-15/11	1/1-31/12
Weibl. Damw.	16/10-31/1	1/10-5/1	1/9-28/2	16/10-31/1	24/8-1/2
Rehböcke	1/5-28/2	1/6-1/2	1/7-31/1	1/6-31/1	1/1-31/12
Weibl. Rehw.	16/10-14/12	— —	16/10-15/12	1/11-30/11	24/8-1/2
Spiessböcke	1/1-28/2	1/1-1/2	1/1-31/1	— —	24/8-1/2
Hasen	1/9-30/1	15/9-1/2	1/10-31/1	16/8-31/1	24/8-1/2
Dachse	1/10-30/11	15/9-31/12	— —	1/9-31/1	1/1-31/12
Gemsen	— —	25/7-29/11	— —	— —	— —
Auerhähne	1/9-30/5	1/8-1/2	1/9-31/1 u. 1/3-15/5	1/9-15/5	1/1-31/12
Birkhähne	1/8-31/1	1/8-1/2	1/9-31/1 u. 1/3-15/5	1/9-15/5	1/1-31/12
Fasanen	1/9-30/5	1/9-28/2	1/10-31/1	16/8-30/11	24/8-1/2
Enten	1/7-31/3	30/6-28/2	1/7-14/3	16/7-31/3	24/8-1/2
Rebhühner	1/9-30/11	30/8-1/2	1/3-30/11	16/8-30/11	24/8-1/2

Tabelle für Feldbau.

Art	Auszusäen	Auf 1 Hektar	Standzeit Wochen	Erntezeit
Winterweizen	Sept.—Nov.	2,9 hl	42—50	Aug.—Sept.
Sommerweizen	März—April	2,5	18—20	Aug.—Sept.
Winterroggen	Sept.—Nov.	3,2	40—48	Juli—Sept.
Sommerroggen	März—April	2,4	20—26	Sept.
Gr. 2 zeil. Gerste	März—Mai	3,6	17—22	Aug.—Sept.
Kl. 4 zeil. Gerste	Mai—Juni	2,5	9—14	Aug.
6 zeil. Gerste	Aug.—Sept.	2,2	41—46	Jan.—Juli
Hafer	März—Mai	4,4	16—23	Aug.—Sept.
Kopfklee	März—Juni	17 kg	2—3 Jahre	—
Weisser Klee	März—Mai	$6^1/_2$ kg	unbest.	—
Kartoffel	April—Mai	21,5 hl	18—26	Sept.—Okt.
Runkelrübe	April—Mai	4,5 kg	22—26	Okt.—Nov.
Möhre	März—April	36 l	26—30	Okt.—Nov.
Winterraps	August	1,5 hl	46—50	Juli
Sommerraps	April—Mai	23 l	20—25	Sept.

Perpetuierlicher Julianischer und Gregorianischer Kalender.

von Ed. Lucas, Revue sccientifique XXXII 812.

Datum					D	Tage	Monate	M	Jahre				A	Jahre				A	Julianische Jahrhund.		J	Gregorianische Jahrhunderte					G
1	8	15	22	29	1	Sonntag	März	3	00	28	56	84	0	14	42	70	98	3	0	14	5	15	19	23	27	31	1
2	9	16	23	30	2	Montag	April	6	01	29	57	85	1	15	43	71	99	4	1	15	4	16	20	24	28	32	0
3	10	17	24	31	3	Dienstag	Mai	1	02	30	58	86	2	16	44	72		6	2	16	3	17	21	25	29	33	5
4	11	18	25		4	Mittwoch	Juni	4	03	31	59	87	3	17	45	73		0	3	17	2	18	22	26	30	34	3
5	12	19	26		5	Donnerstag	Juli	6	04	32	60	88	5	18	46	74		1	4	18	1						
6	13	20	27		6	Freitag	August	2	05	33	61	89	6	19	47	75		2	5	19	0						
7	14	21	28		0	Sonnabend	September	5	06	34	62	90	0	20	48	76		4	6	20	6						
							Oktober	0	07	35	63	91	1	21	49	77		5	7	21	5						
							November	3	08	36	64	92	3	22	50	78		6	8	22	4						
							Dezember	5	09	37	65	93	4	23	51	79		0	9	23	3						
							Januar*)	1	10	38	66	94	5	24	52	80		2	10	24	2						
							Februar*)	4	11	39	67	95	6	25	53	81		3	11	25	1						
									12	40	68	96	1	26	54	82		4	12	26	0						
									13	41	69	97	2	27	55	83		5	13	27	6						

*) Für die Monate Januar und Februar muss man die Jahreszahl um 1 verringern.

Bei jenseits des 35. Jahrhunderts liegenden Zahlen muss man so oft 20 abziehen, als es nötig ist, um eine der Zahlen dieser Tafel zu erhalten.

Regel für den Gregorianischen Kalender: Addiere die 4 Zahlen D M G u. A, welche dem gegebenen Datum entsprechen, suche die Summe in der Datumtafel, wo der entsprechende Tag steht.

Beispiel: Welcher Tag entspricht dem 15. Oktober 1582?

Datum 15 D = 1
Monat Oktober M = 0
Jahrhundert 15 G = 1
Jahr 82 A = 4

Summa 6 Antwort Freitag.

(Der Kalender gilt vom 15. Oktober 1582 ab, dem Tage der Einführung des Gregorianischen Kalenders.)

Regel für den Julianischen Kalender: Addiere die 4 Zahlen D M J und A, welche dem gegebenen Datum entsprechen, suche die Summe in der Datumtafel und nimm den entsprechenden Tag.

Beispiel: Welcher Tag entspricht dem 12. Oktober 1492 (Entdeckung Amerikas):

Datum 12 D = 5
Monat Oktober M = 0
Jahrhundert 14 J = 5
Jahr 92 A = 3

Summa 13 Antwort Freitag.

(Dieser Kalender gilt vom 1. Jan. 45 vor d. christl. Zeitrechnung ab.)

Die bei den Eisenbahnen angegebenen Ziffe

Verlag v. Julius Springer, Berlin N Monbijouplatz 3.

…uf die Nummern des Reichs-Kursbuchs.

Druck d. geogr. lithogr. Anst. v. C. L. Keller in Berlin S.

www.ingramcontent.com/pod-product-compliance
Lightning Source LLC
LaVergne TN
LVHW012017041026
849558LV00004B/148